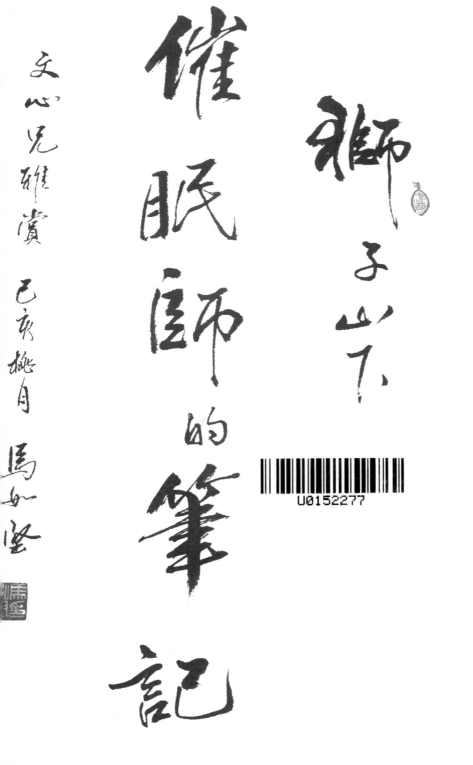

獅子山

催眠師的筆記

文心兄雅賞

己亥桃月

馬如澄

作者簡介

文心 (know.the.inside) ── 寫文的初心

「物色之動，心亦搖焉。」《文心雕龍．物色》
「望道便驚天地寬，洞悉世情皆學問。」

他是沙田區傑出青年，曾獲《一百毛》訪問有關夢與催眠，以往從事禁毒、中學生的輔導工作。他著有《酒徒與催眠》一書，亦出版學術論文篇篇，包括：從心理學角度探索中西方譯夢之異同，亦有針對催眠治療與應屆考生的應用。他是香港註冊社工，也是國際醫學及牙醫學催眠協會 (IMDHA) 催眠治療導師、美國國家催眠治療師公會 (NGH) 催眠治療導師，擁有香港大學社會科學 [行為健康] 碩士（碩士論文從事與催眠治療相關的研究）及教育文學碩士的資歷。他就讀香港大學碩士期間，在有關 "Counselling and Psychotherapy" 的學科中取得 A grade 的成績，現修讀香港大學法律系仲裁及調解碩士。他醉心於武術，文武皆宜，為大學前武術學會主席。他亦擁有專業調酒師的資格，不能自醉，只希望調出令人醉的文字。

率性而為，隨心而寫。

聯絡：
Instagram：know.the.inside
Email：leslie.hypnotherapy@gmail.com

插畫師簡介

Solitary Bunny ──

她畢業於墨爾本皇家理工大學藝術學士（美術）。她是註冊的繪畫心理分析師與催眠治療師，此外她亦擁有美國國家催眠治療師公會 (NGH) 及其他催眠師資格。

她相信藝術可給予人不同感知真實世界的途徑，從而治療人的內心。通過藝術創作，她把人生早期的抑壓與情緒釋放。作為一個催眠師及藝術創作者，她以 "Bunny" 作為此書的主題，代表了潛意識獨特而不可言喻的持式。這些畫亦結合了她早期一些獨特而真實的經歷。她現活躍於不同的社區藝術計劃。她與她的團隊成立了個人工作室，專門創作出與心理治療相關的當代藝術計劃。她亦致力提供了一個新的渠道，將藝術傳承給下一代。

<000>

導言

若不了解催眠，難以用催眠看自己的未來。在第一章，作者以催眠師的角度，初步以敘事者的心態敘述催眠，分享一些個案、一些經驗、一些看法，讓讀者揭開催眠的神秘面紗，也讓讀者了解催眠的誤解，放下對催眠的戒心。最後，作者希望讀者掌握一些放鬆手法，改變過去與現在的一些想法，進而展望將來。

夢讓人著迷。它每天也會成為過去，是投射我們內在情感不可或缺的一部份。在第二章，作者以自己的夢與他人的夢，去詮釋一些夢，藉以通過內在情感去感悟世界。了解夢，有助我們展望將來。我們有「夢」，也要勇於去想，有夢也要想，這個世界才有「夢想」這個詞。夢是探索潛意識的工具，也是催眠中不可忽視的一部份。若了解催眠，便可得知夢溝通著內在的過去，也揭示我們的現在。

前世催眠是很多人對催眠最感興趣的一部份，也讓很多人接觸催眠，但同時讓人感到神秘。前世很多時候源於一些零碎片段，或自身曾發過的一些夢。在第三章，作者以輔導的角度出發，排除宗教、神秘、神化角度，主要集中以前世回溯的話題療癒今生的自己。本章分為四節：有關前世的入題、有關前世的真偽、有關前世的故事、有關前世的展望。本章望能告訴讀者：前世可以是人生（今生）需要克服的課題，也可以是人生中需要重新溫習的功課。若讀者能把著正面想法，前世或可有助你領悟將來的人生。

若對未來沒有信念，未來根本不會來。在第四章，作者以生活體驗及內心感情，從四個主題出發：時間、心、堅持與未來，希望讀者用若干的時間加上內心去感受，相信堅持便可創出屬於自己的未來。

我們相信甚麼，世界便是甚麼，所以此書令讀者聯想到甚麼，便是甚麼。讀者可以跟隨心意隨意去自由聯想，無論任何角度、任何想法，都是此刻的思想感情。事實上，催眠是無處不在的，不止是一般人理解的「催促睡眠」那麼簡單，當中包括了我們內心的信念、內心世界、內在記憶與重複的慣性思考。常言：「聽甚麼歌，長大便成甚麼人。」你接受甚麼的思想，長大後便以甚麼思想做人做事。由是，未來其實可以預測，也非不可期。重點是：只要我們都深信改變現在，便有未來！本書寫的非甚麼大道理，只是你、我、他和她的生活寫照。本書不是所有篇章也與催眠有關，但不無催眠之辭。在每一篇的最後，都附有一句標籤，是作者對每一篇文章寄予的未來想法，也希望引起讀者共鳴，揭示著「未來」的整個主題。如果讀者看畢此書有好的信念，可把它植入腦海，我想這就是催眠的最大目的……

看畢此書後，你或會對催眠改觀，也會有多一點點的認識，那怕只是一點點。

<000>

推薦序 1

作者是我相識多年的朋友，亦是一位在催眠、藝術、心理治療路上相互切磋、一起成長的莫逆之交。作為本港一間提倡心理健康及催眠治療的機構，很高興能為《催眠師的筆記》寫序。

2015-2017 年是香港學界一段悲痛、傷感的日子。當全港整體自殺人數由 2015 年的 1022 人降至 2017 年的 916 人時，19 歲以下青少年自殺死亡人數卻由 23 人躍升至 36 人，高峰期每月有 9 宗個案，輕生的少年一個接一個地走上絕路、實在使人感到絕望。在地鐵上，每天除了會報導學生自殺相關的新聞外，亦會報導社會各方如何推卸責任，現在回想起那段時光，仍會心寒。

在我們的青年時期，社交媒體未及現在般流行，人們很少比較及逞強。年輕時的我們不需為了得到別人的讚賞而裝成別人喜歡的樣子，我們更安舒於以文字記下每日的感悟，寫成手寫的日記式 Post 上 Xanga 成為網誌，自我療癒。

事實上，我們有千百種表達自己的手法。有人用語言、音樂、舞蹈、相片、繪畫等方式去表達自己，而在「表達自我」一事本身，從來不涉及美醜、世俗批判或雅俗。它是一種內在情感轉化，是把碎塊的自我拼湊並重新定義的過程。而這本書，就正正是一種多元自我表達的例子。它喚醒了你渴望表達內心的訴求。它作為榜樣，鼓勵你重新審視、聆聽、接納自己，最後勇於表達自己，從碎塊中拼湊出那個你感到安舒的自己。

本書對象為對催眠或心理治療有興趣的人，是一本雅俗共賞的書。時下讀者多不愛看長篇，本書把作者的一些生活經驗或體會濃縮，讓讀者在追求快捷便利的同時，仍不忘生活，而非生存，值得讀者在都市繁忙的節奏下細閱！

Raphew Cheung
專業心理治療及應用（香港）中心聯合創辦人
Facebook: 專業心理治療中心，
https://www.facebook.com/hphi.health/
Website: https://www.hk-hphi.com/
Instagram: hphi_psychotherapy

推薦序 2

作為一個藝術工作者，催眠似乎與我的生活並沒有太大的關係，但因為催眠，我跟我的作品連結，同時影響我對身心靈文化發展的熱衷。而本書的出版更讓我確信，身心靈文化在本地推進的可行性。

催眠在香港人的文化中，可能是一種尚帶點離經叛道，非學術性的治療方法。看似神秘的催眠治療，其實也是心理治療的一種。催眠治療師透過催眠跟事主的潛意識溝通，治療案主的心理病或因心理因素引起的生理病症。近年愈來愈多人尋找心靈治療，催眠治療愈來愈為人接受，研習催眠讓我發現藝術和潛意識溝通的更多可能性，將心理治療連結到文化的層面，以藝術與催眠，重塑城市人對身心靈的概念。

本書將藝術、自由聯想以及催眠建成一本生活小品，是一本整合式的結合，不過份學術之餘，筆觸又帶點輕鬆，簡單易明。我們可以意識到身體和形態，但潛意識即我們的心智，其實是一種能量，並非物體。我們日常所使用的自我，只佔據了我們整體的 10%，但我們往往因這一小部份，忽略了我們身而為人，更大的可能性。

催眠是一種「往內的」旅行與探險。繼而透過藝術創作，我們能夠走進自性本質。自性是（梵語：स्वभाव），它與古希臘形而上學中的本體、本質及哲學家康德中的物自身（德語：das Ding an sich）相近。從接觸自我、收復自我、體驗自我，進而超越自我。藝術與催眠的結合，就是我如何使用能量的開端。萬物唯心造，一切都與心念相關。而催眠就是我們的內在資源，與潛意識溝通，釋放我們尚未發現的自我能量，同時將一切困境都重新掌握手中，從治療轉化成自療。一如書名：《催眠師的筆記》，每個人也可透過此書的一些方法，為自己寫下筆記。

Canace Yuen
藝術家 / 催眠治療師 /
香港應用心理及藝術協會執行總監
Website: https://www.hkapaa-association.com

推薦序 3

很高興能為《催眠師的筆記》寫序。

本人專業為職業及組織心理學和催眠治療，從事人力資源工作十多年，現全職輔導及催眠治療的工作，亦曾經與作者共事。作者是我的恩師，也是我的知己好友，他除了對催眠治療及輔導很有經驗，同時間也是一位無私奉獻的社工。我有幸看到這本書有趣的題材，利用真實案例深入淺出講解催眠及輔導的手法，感覺非常新穎。

香港人越來越繁忙，患上焦慮抑鬱的人愈來愈多。根據世衛的資料，全球有超過三億人患有抑鬱症，佔全球人口的 4.4%。抑鬱症患者在二〇〇五年至二〇一五年間增加 18.4%。

有甚麼東西可以治癒人的心靈呢？我深信催眠是其中一種治癒人心靈的方法。本書談及夢的部份，亦是我最感興趣的一部份。佛洛伊德是精神分析學的始祖，他著重於潛意識和夢的演繹。夢的演繹相當有趣，只要你參透了夢中的密碼，你可以更加了解自己內心的想法。

有些心理學家覺得潛意識不夠科學，亦無法證實，但隨時代不斷變遷，有不同學派的出現，百花齊放，才豐富了不同的心理治療。我深信潛意識，因為我相信每一個人都會發夢，而夢的演繹正正就是潛意識在與你對話。

這是一本值得參考的書籍。書中的自由聯想，令你有無窮無盡的想像空間。你可以用抽離的角度去看不同事物，感受一下無拘無束，自由自在的催眠世界。

蔡慧芝 Roy Choi
職業及組織心理學研究生 (IOPSY)
國際醫學及牙醫學催眠協會 (IMDHA) 催眠治療師
加拿大催眠師協會 (PBH) 催眠繪畫心理分析發證培訓導師

<000>

自序

本書圍繞心理治療與催眠。人類離不開生活，而生活總有太多煩瑣，所以人類需要不同種類的「治療」。未來是由每一個當下所創造出來的，所以我在想：「所謂的未來就是當下的想像與行動的總和，亦是即將發生的現在。」

本書由催眠師的生活體會以及自由聯想創作而成。作者藉書寄意，願能告訴你：「催眠不只是催「眠」（睡眠），令人迷迷糊糊才叫催眠。」就算在清醒狀態，只要我們能為你的潛意識帶來一點改變，能觸動你的就是催眠。

所謂「文以療傷」，文字能治療人的內心，而每一個人都有自療能力，望此書能「催眠」你，與你一起透視「未來」。

「未來」不一定迷幻、也不一定科幻，更不一定夢幻而無法猜度。人能把握現在，活在當下，便能締造屬於自己最好的「未來」。

現今科技發達，資訊太快，我們很少關注心理健康，更甚少把心情告訴別人，更遑論把自己的心情寫下。文字會跟隨心情變化，但心情也受文字影響願此書可把正面的信息傳播到每一個人的手上，承載讀者當下心情，藉以鼓勵將來的自己。

催眠是一個挺新的概念。很多人都將其輔以宗教、神秘、神化色彩。本書嘗試從心理輔導入手，書寫出催眠的「未來」，望更多人關注心理健康，便是自己最好的「未來」。

本書所寫偶有聯繫或獨立成篇，但無不圍繞催眠寄意。全書共一百篇，每篇字數最多約六百多字，最少約三百多字，為極其忙碌的香港人寫出另類短篇心靈雞湯，望為他們的將來帶來改變。

在每一篇的最後，都附有一句標籤，它是作者對每一篇文章寄予的未來想法，穿針引線，揭示著「未來」的整個主題。本書一篇篇獨立的散文，是作者的自娛，也藉以一抒己情，盼能博君一笑，感染身邊人。

此書特別鳴謝：專業心理治療及催眠應用（香港）中心及香港應用心理及藝術協會提供的專業意見。沒有家人、朋友與專家的專業意見，此書不能寫成。

< 目錄 >

第一章. 有關催眠

第二章. 有關夢

第三章. 有關前世今世

第四章. 有關未來

* 在文中分享的個案，催眠師都遵從保密原則，均得到案主的同意才分享，亦無標示過多細節或內容，只作催眠例子上的演說。

催眠的基本原理

佛洛伊德 (Sigismund Schlomo Freud, 06/05/1856-23/09/1939) 對心智組織與人格結構提出了假設，就是：意識劃分為三個層次，包括意識、前意識與潛意識。

意識

前意識

潛意識

意識是我們清醒時的狀態，那是我們日常交談、待人處事以及一切的認知，但這部份只佔我們意識組織的百分之十，潛意識卻佔了百分之九十，所以能進入我們的潛意識，世界可以是無限的。

前意識是意識與潛意識的橋樑，就像橋一樣貫穿兩者，是進入人內心的過程。

進入潛意識的狀態時，腦電波 Alpha(α) 會呈現慢速 8-12 Hz。慢速腦電波就是人臨睡前，意識慢慢走向意識模糊的狀態，這個時候就貼近我們所說的催眠狀態 (Hypnotic state)。簡單來說，催眠狀態就是恍惚狀態，即類似半睡半醒的狀態。那是一種迷迷糊糊，想睡又未入睡的狀態。在恍惚狀態時，人的腦電波會進入身心放鬆而集中的狀態，很容易吸收別人說話的暗示，更容易想像一切。

催眠就是透過催眠師的一些催眠暗示，以既定形式或自由想像，把一個人從意識 (consciousness) 即清醒的狀態，帶到潛意識 (unconsciousness) 即接近睡眠的狀態。那是一個令人自癒、放鬆、想像豐富的狀態，人會進入一個屬於自己的主觀經驗 (subjective experience) 及想像世界。

催眠中大致可分為四步曲

導入 (Induction)、 暗示 (Hypnotic Suggestion)、 深化 (Deepening)、 導出 (De-hypnotization)。

1.

導入 (Induction) 就是讓被催眠者進入被催眠的過程。常見的手法有：聽著大自然，即一些身心放鬆，貼近腦電波 Alpha(α) 狀態的音樂、數數法、凝視法、樓梯法、升降機法等，那是催眠必須有的開始。

2.

暗示 (Hypnotic Suggestion) 就是給予被催者內心提示，提醒他們必須時刻準備，向著訂下的目標進發。暗示可以是天馬行空的想像，也可以是日常生活的體悟，如：「你會看到一條樓梯，但你會不知道樓梯的盡頭，就好像我們的人生一樣，我們不走下去也不知終點是如何……」暗示不可單一，而是需隨機應變，跟隨被催者的反應與內心作出現實與虛幻中的語言調整。

3.

深化 (Deepening) 就是給予正面的暗示，重覆而深化。利用導詞引導被催者進入更深的催眠狀態就是深化。這個階段可以以一些簡句的句子，或一句進行催眠深化，如：「只要你相信，明天你會好起來的。」你可以不斷重覆些字句，給予被催者內在提示，讓被催者的潛意識接受並實踐到生活。

4.

導出 (De-hypnotization) 就是把案主帶離催眠世界，催眠師怎樣導入催眠，就應怎樣導出，這類似我們所說的首尾呼應，把被催者帶離催眠世界。

我們都需要療癒

當下

才

有

下

的

有

的

自

未

己

來

？

催眠有很多不同深度，有些學者分為五十級 (LeCron-Bordeaux)、三十級 (Davis-Husband)、十二級 (Stanford Scale)，眾說紛紜，讓人難以猜度。在進入催眠狀態時，大腦有時會隨「級」與「級」之間循序漸進、有時會在「級」與「級」之間游走，有時卻不一定停留在某一「級」，所以過程並不簡單，而我們的意識也無法完全判斷自己在何種深度。普遍來說，在催眠裡，我們會用 Arons Depth Scale 的六級深度去演繹催眠，但都只是僅供參考。

據 Arons Depth Scale 的定義，催眠深度初步分為六級深度，讓我先演繹頭兩級：

第一、二級深度為肌肉僵直 (Catalepsy)，只是程度不同的分別。

第一級：

這是輕微的催眠狀態 (Hypnoidal)。被催眠者會覺得自己依然很清醒。他仍會聽到外在聲音，幾乎不覺得被催眠。常見的催眠反應是眼皮變得沉重，不想睜開或開始睜不開 (eye catalepsy)、身體微微放鬆等。

此時被催者的意識狀態約為 90%～99%，潛意識狀態約為 1%～10%。

第二級：

這是更放鬆的催眠狀態。被催眠者會感覺自己還是很清醒，但比第一級深度身體更加放鬆，進入淺眠狀態。這時，催眠師可給予暗示使被催者身體肌肉群產生僵直，如：使手臂沉重感加重，手臂可以變得更僵直 (Arm catalepsy)。

此時被催者的意識狀態約為 75%～90%，潛意識狀態約為 10%～25%。

學懂催眠的第一步，除了懂得聯想、放鬆，其實還要懂得自我催眠⋯⋯

第一章 · 有關催眠

很多人對催眠都把有神化角度，但事實是
否如是？

「有我之境，以我觀物，故物皆著我之色彩。無我之境，以物觀物，故不知何者為我，何者為物。」—語出王國維《人間詞話》

「有我之境」指當人存有「我」之意志，賦予主觀感情色彩，我哀景哀，我樂景樂，物著我色。

「無我之境」指當人已泯滅了自我之意志，與物達到一種泯然合一的狀態。

你想用甚麼角度看書，書的內容便成了甚麼。

有關催眠我所接觸的
催眠個案：

社會是水，它可以在大海隨意流動，溝通
著不同的意識流。由年青到老人，構成一
幅又一幅的山水圖，揭示地球的整個歷史。
不同的人在褐色的地球上，構成一個又一
個的故事，以下的個案會否也是你部份的
生活寫照？

<001>

抑鬱的青年

你可以靜靜地、慢慢地放鬆自己，並跟隨自己的內心隨意聯想：

他是一個二十出頭的少年。
他看了不知多少精神科醫生、臨床心理學家、心理治療師⋯⋯
他該吃的藥都吃了，認為不該吃的也吃了，
吃到手也抖了，可是家人卻依然覺得他有病。
他一直不知自己為甚麼會抑鬱，只想證明自己沒有病。
他試了那麼多方法也覺得無效，所以想以催眠一試。
通過數次的時間回溯，催眠師嘗試與他共同去找答案。
他聽著自己挑選的音樂，到了一個屬於自己的時間線。
在他的意象裡，他去到了一個無人的空間。
那裡有一個醜陋無比的小丑，拿著西瓜刀到處尋找獵物。
及後，畫面一轉，
他回到了那個被人取笑的畫面，
而小丑也身在其中，沒有人敢去招惹他。
在清醒後，他驚覺自己的內心住了一個小丑。
他在發掘自己內心時，
要克服的心魔在催眠過程中加以表述出來。
在往後的回溯裡，他回到了過去的自己，並觀照過往的軟弱，
現在成長了的他，
可以嘗試以一個更成熟的角度去擁抱過去的自己。
人最可怕的不是不快樂，而是自己害怕甚麼也不知道。
抑鬱其實並不是病，就算我們覺得那是病，
我們也要記得吃「藥」，而「藥」要我們自己尋找的。
這個世界總有一種「藥」令我們不藥而癒！
還記得卡通片《哈姆太郎》的這一句對白嗎？
「今天過得很快樂對不對？我們明天會更快樂的⋯⋯哈姆太郎。」
快樂是可以自己尋找的，
同樣，抑鬱也可以是你自己尋找的。
每一個人的內在其實早已具備快樂的因素。

內心的 # 抑鬱 # 不是 # 那麼 # 可怕 #depression

<002>

地下鐵

你可以靜靜地、慢慢地放鬆自己，並跟隨自己的內心隨意聯想：

一卡卡的列車，一卡又一卡緊接著，載著不願放鬆的人們，
他們緊貼著、繃緊著、低頭著……
曾有一個三十歲的男士聲稱怎樣也不能放鬆，
而在催眠過程中只是睡著了，
而從沒被催眠。
在催眠的深化 (deepening) 過程中，
催眠師不斷重覆、深化了一個建議：
「你每次回家時，你都會想做一些可以令自己舒服的事！」
「你每次回家時，你都會想做一些可以令自己舒服的事！」
兩星期後，他再次回到治療室，並好奇地說：
「不知為何，每次當我坐地鐵回家，
都很自然想早一個車站下車，步行回家。」
他覺得早一個車站下車，絕對不能使他忘記工作，
卻可讓他靜靜思考。
他很好奇那次催眠師到底做了甚麼，
他很想知道催眠師是怎樣驅使他有這種想法。
其實那次催眠並沒有做些甚麼，
催眠師只重覆提示了他：
「你必須感受生活。
其實四周的景物一直存在，
只是你遺忘了，只追趕著生死疲累。」
上班的人、忙碌的人、營營役役的人實在太多，
而懂得找一個屬於自己放鬆方式的人實在太少。
每一個人的內心其實已告訴了可以怎樣放鬆自己，
只是有時候我們忘了要怎樣做。
每一個人都總有屬於自己放鬆的方式，
而這個方式必需自己尋找的。
「放鬆吓啦！香港人！」

死亡 # 尚未來到 # 別追趕 # 死亡的 # 節奏 #busy

<003>

身在異鄉的女賭徒

你可以靜靜地、慢慢地放鬆自己，並跟隨自己的內心隨意聯想：

她是一個六十出頭的華人女士，有著英國女士的儀態。
她看上來只有四十多歲。她優雅一笑，潔白的皮膚，
明媚的微笑，猶如一朵鮮花，表現出大方自然，
看起來像個慈祥的母親，不覺有心事。
想多少年前，一定有一位年輕的紳士帶著二十多歲的美人，
風塵僕僕去了很多地方，最後移居英國。
四十多年來，人在異鄉，難免寂寞。
老爺日漸老去、子女一個接著一個離開家園，
工作的工作、結婚的結婚、出嫁的出嫁。
在世界的不同角落裡，只是偶然在萬片雪花下，
傳來一張小硬卡的溫暖。
自是她感到寂寞，瞞著家人，愛上了賭博。
她曾經贏過很多錢，但失去的卻更多，
包括：親情、愛情、友情。
在催眠過程中，她甚麼也看不見，只見到一個沙灘。
她孤獨走著，四周並沒有人，而大海的海浪似要將她吞噬。
在她醒後，催眠師在催眠後面談(post talk)與她談及水的意象，
最後，她找到了一個屬於自己，
並可答解內心的答案。
以下是從她口中說出的聯想：
「海佔了地球表面的七成，
水亦佔人體的百分之七十，
我們需要水來生存，
但我們更需要愛。
愛是一切的根源，
應接通著我們的現在與未來。」
每個人內心的答案可以很空泛，也可以毫不相關卻聯結著。
由於每個人的人生意義、想法都盡不同，
所以所有意義從來是由自己去賦予的。

#人 #都需要 #愛 #別輸了 #家人 #gamble

* 案主所說的老爺是他的丈夫。

「我們需要水，
　　　亦都需要愛。」—〈側田—情歌 MV〉

踏入年老的青年

你可以靜靜地、慢慢地放鬆自己，並跟隨自己的內心隨意聯想：

吸毒是種輪迴，
讓人沉淪下去，永遠讓人放不低。
人永遠追著一條又一條的龍，
似要見到傳說中的龍出現，才肯罷休，
可是龍影始終未見，人卻已經死了。
曾有一個個案，追龍＊追了四十年。
他亦因藏毒的問題，
斷斷續續過著二十年鐵窗邊緣的生活，人生空白，
而他唯一的寄託就是追龍。
世上已沒有方法再讓他放棄尋找龍的下落，
因他已經入血地認為自己是「龍的傳人」。
直至一天，他的孫兒出世了，
他開始感到生命的重要性：
他很想看著孫兒快樂長大。
在時間回溯的催眠的過程中，他看到了家人過去的種種生活。
他的兒子成長時只有媽媽，沒有爸爸。
妻子一個人擔起生活的包袱，還要擔心坐牢的丈夫。
他自覺怎樣也無法彌補家人，也犯了很多錯，
但家人依然不離不棄。
他甘願再次回到「年輕」，做孫子的另一個「爸爸」。
就這樣，四十年的追龍夢放棄了！
催眠只是工具，
而愛卻是一切的萬靈丹。
說到要生要死，
說到爛了，
人還是需要愛。
有沒有人不需要愛？

#愛#是#毒#的#解藥 #drugabuser

＊追龍是一種以鼻吸入海洛英的吸毒方法。追龍是把海洛英放在錫紙上，用火在錫紙下面加熱，產生煙霧，而吸毒者便會追著煙吸，俗稱「追龍」。

<005>

老人的未來

你可以靜靜地、慢慢地放鬆自己，並跟隨自己的內心隨意聯想：

她是一個壽己過百的老人，但她的頭腦仍然清醒，
彷彿這一百多年也沒停止過思考。
她日思夜想，
一時擔心孫子沒有飯吃、
一時擔心兒子工作辛苦、
一時憶起過去日軍來襲……
有時她會很累，雙眼也無神。
偶然接觸她，便嘗試用催眠的漸進式放鬆的催眠方法
(Progressive Muscle Relaxation) 導她入睡。
「你的肩膀看來可以更放鬆……」
「你可以嘗試雙眼合著……」
「你的整個人也好像一條濕毛巾向下垂……」
在她快要入睡時，她的眼球跳動很快，
催眠師下著重覆卻深化的催眠指令：
「放鬆、精神、入睡、健康、放鬆、精神、入睡、健康……」
一句又一句重複植入她的腦海。
就這樣，一與健談的她說話，
我便會偶而說出一些指示她身體放鬆的句子，
並期望她會跟著去聯想。
每次當她感到倦意，
她說話都會慢慢變得支支吾吾，
把催眠時說的話照單全收，慢慢睡著了。
人可以活到百歲，擔憂的事卻可到千歲，無窮也無盡。
當然不要忘記休息，
才可繼續擔憂未來，
直至千歲。

一百歲 # 的人 # 一千歲的 # 意志 # 也記得要休息 #rest

有關催眠：

如果沒有人告訴你甚麼叫催眠，那麼就讓我告訴你……

<006>

催眠師的事前準備

你可以靜靜地、慢慢地放鬆自己，並跟隨自己的內心隨意聯想：

催眠四步曲中，導入是很重要的，
而催眠師總會在進行催眠時說一些引入主題的話。
催眠箇中樂趣並非用一式一樣的導詞，而是因人而異。
一般的成癮問題如：性沉溺、煙酒過多、毒癮、肥胖等，
經一定的催眠次數可能有所減少。
催眠師一般會在催眠前作多方面準備。
被催者喜歡甚麼，不喜歡甚麼，以及基本的資料，
都是催眠師關注的地方。
某人童年陰影是狗，催眠師與他面談時說狗也會嚇怕他，
何況在催眠裡說呢？
催眠師在催眠過程中跟他說狗，這樣的催眠一定失敗，
搞不好還有負面影響，
所以如果事前有好的準備，定必事半功倍。
事出必有因。
在催眠裡，只要被催者跟著催眠師的話去聯想，
如果催眠師的想法能與被催者的內心同步，
被催者或者可以看到很多有關他們內心世界的事物。
催眠師若能了解被催者的喜惡，從而引入主題，
方能令催眠師更容易進入他們的內心。
引用清朝・李寶嘉《官場現形記》第 38 回的一句：
「見人說人話，見鬼說鬼話。」*
括言之，見甚麼人說甚麼話是設計催眠導詞的大好原則。

你要 # 知道 # 自己 # 喜好 # 方可進入催眠狀態 #prepare

* 這句話源於《官場現形記》・第 38 回：
「（做個知客和尚第一是長相）第二要嘴巴會說，見人說人話，見鬼說鬼話，見了官場說官場上的話，見了生意人說生意場中的話。」

<007>

意識與潛意識的力量

你可以靜靜地、慢慢地放鬆自己，並跟隨自己的內心隨意聯想：

早在 1920 年代，腦部科學家 Karl Lashley 發現不管老鼠腦部的甚麼部位被割除，也不會影響它的記憶，仍能表現手術前所認知的複雜技能。

在 1960 年代，史丹福大學的腦神經學家 Karl Pribram 也提出記憶並不是記錄在腦神經細胞中，或一群細胞中，而是以神經脈衝的圖案橫跨整個腦部，

這解釋了人類頭腦即使那麼小依舊能儲藏那麼多的記憶。

據推論：人一生中腦海能夠記錄一百億位元 (bits) 的資料，

相等於五套大英百科全書。

人窮一世之力也未必可用到「五套大英百科全書」，

所以人的潛能應是無限的。

佛洛伊德 (Sigismund Schlomo Freud) 的冰山理論是了解催眠的基本理論。

這理論初步假設人的大腦分為意識與潛意識的部份。

意識佔人類的腦袋百分之十，

而潛意識卻佔人類腦袋百分之九十。

意識是我們清醒時所感知真實世界的部份，受我們的認知局限。

潛意識卻潛藏在我們內心，無法從直覺得知，

就如：

我們無法說出我們內在的慾望、

也無法說出甚麼是女人的直覺、

更無法說出小至嬰兒時的記憶，

但這些一直在我們的內心深處。

我們的意識局限在我們所接觸與認識的。

我們接觸負面信息時，腦海吸收的信息也是負面，

所以人的思想便是負面的。

就這樣，

我們會不知不覺把負面思想變為行動。

若我們能改變感知世界的想法，

內心世界會否不一樣？

誰不知媽媽是女人？

知道並不一定做到，
但我們一定要灌輸自己的意識，
便盡量嘗試去做。
有正面的想法，不一定可以實踐，
但你甚麼正面的信息也沒有想過，你必然會失敗。
你還是要相信人的潛能是無限的，
沒有甚麼是不可能。

意識與潛意識 # 在 # 交戰 # 影響 # 當下自己 #subconscious

<008>

低層潛意識

你可以靜靜地、慢慢地放鬆自己，並跟隨自己的內心隨意聯想：

阿沙吉歐力 (Roberto Assagioli，27/2/1888－23/8/1974)
為超個人心理學先驅，他把潛意識分為高、中和低的部份。
高層潛意識涉及靈性部份，
在前世回溯篇章的部份，我們才會探討更多高層潛意識。
低層潛意識是本能、衝動、慾望、生理反應的世界，
它對維持人體運作起重要作用。
由此可見，探索內在潛意識無不對自己有進一步了解。
低層潛意識管理身體運作的部分，
大概人的一生記憶都會儲存於低層潛意識，
而它一直也是人類的本能世界。
這個部分沒有邏輯、理性，也沒感性，
卻一早如血液般在你身體不知不覺運行。
無論如何，
你的意識也無法控制這部份。
試問誰能控制身體的機能運作？
誰又可以控制到自己的血液？
其實是有的。
霍夫 Wim Hof 又名「冰人」，
他可以待在冰裡兩小時，而身體絲毫沒變化。
他的方法經科學驗證，
也幫助許多人遠離高血壓、糖尿病、癌症與憂鬱症。
2014 年，荷蘭拉德堡德大學醫學中心甚至將內毒素注入他的手臂，
其他人呈現流感症狀，只有他沒有出現不適。
他的方法是：
常讓身體經常處在低溫中，並藉平穩、深入的呼吸讓身體放鬆，
強化並改變自主神經系統，
訓練血管的收縮與擴張，進而提升免疫力。
所以只要我們可以探索內在，
我們便可把潛能發揮至無限。

低層 # 潛意識 # 在 # 我們 # 內心 #lowerunconsicous

<009>

中層潛意識

你可以靜靜地、慢慢地放鬆自己，並跟隨自己的內心隨意聯想：

精神分析學派把中層潛意識稱為「前意識」(pre-consciousness)。
這是指我們不會時刻也想著的事，
通過我們回憶、表達、思考而最後得出的事物便為中層潛意識。
例如你可以隨心想像一下：
「你的第一個男／女朋友是誰？」、
「你印象最深刻的老師是誰？」、
「你第一句會說的話是甚麼？」
你向「記憶」問問題，「記憶」便會回答你「他」所認知的答案。
最初一些簡單或近期的問題可能你想一想，
「記憶」便可以答你，
但愈問愈是久遠的事，愈視乎你的內在記憶，
亦有機會產生錯覺。
凡是埋藏在中層潛意識的，都很難被發覺。
過多現實壓迫的累積，大概是情感的一種超負荷。
我們的記憶很多時會有錯覺，但如果連你自己也答不到，
誰可以答到？
意識和中層潛意識之間並沒有隔阻，
有些問題還沒提出之前，答案並不在你的意識，
而是儲存在中層潛意識。
中層潛意識很容易藉著反思而進入意識層次，
前意識就好像橋樑一樣，貫穿著意識與潛意識，
當探索前意識時，被催者會進入催眠狀態，
透過特定形式把一些內心想法帶回意識中，
漸漸被催者會記起一些往事。
畢竟人腦是複雜的！
愈是深刻的事，愈能勾起潛在你內心的感覺。
其實一切你已經歷過，
答案在記憶深處，只要你願意找出來。

#向 #潛意識 #問 #一些想知的 #問題 #middleunconsicous

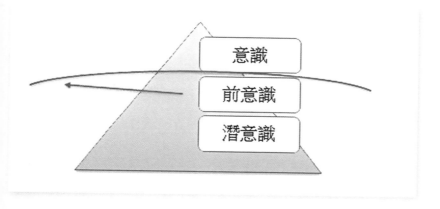

我們內心相信甚麼，主觀的世界便是甚麼！

有關謬誤：

了解催眠的謬誤，我們才可以真正了解催眠……

<010>

陀錶

你可以靜靜地、慢慢地放鬆自己，並跟隨自己的內心隨意聯想：

「慢慢地看著我手上的陀錶。接下來，我會由1數到3，
你會慢慢進入催眠狀態……」
「Sleep……」
我想：
在有關催眠的電影裡，這是一句大家都耳熟能詳的對白。
很多人說催眠師要有一隻陀錶，
看起來才是一個催眠師，其實不然。
或者大家生活在這個被電影渲染的時代，
或多或少也會受電影誇張的手法影響：
你或會認為催眠能讓你失控，
讓你做出任何事，也讓忘記所有事；
催眠甚至是十分神秘，會令你入魔、中巫術、被洗腦……
其實醫生不一定要穿醫生袍，
才看起來像個醫生；
法官不一定要在法庭上帶假髮，
才看起來像個法官；
大學教授也不一定要很老才可當教授……
正如催眠師，
也不一定要有陀錶，
更重要的是個人風格。
陀錶只為了讓被催者的眼球聚焦在一點，
使他更容易進入催眠狀態。
且看TVB《隔世追兇》之石修催眠法：
「你流血了，你看看地上，一滴、兩滴、三滴……」
這樣的說話，真的可以把別人催眠嗎？
當然催眠並非這樣簡單，
但更重要的卻是：
不人云亦云、不盲目跟風、不盲目套用理論，
有自己專屬的形象更重要。
「如果拿著陀錶就可以做催眠大師，
我想誰也可以做到！」

#自己的專屬形象 #重要 #不要 #盲目 #附從 #image

<011>

看穿人心

你可以靜靜地、慢慢地放鬆自己，並跟隨自己的內心隨意聯想：

現今人工智能大行其道，甚至不用催眠，
未來可能會有看穿人心的人工智能，
你的一切都會被人工智能所取替。
人心的確很脆弱，可能現在沒有控制人心的人工智能，
但我相信有一天會有。
美國斯坦福大學研究員、
世界級人工智能專家維威克·沃德瓦有一個假設：
「你的工作將在 20 年內不復存在。
到 2036 年，機械人和人工智能將淘汰所有人類工人。」
人類可以做到的，人工智能都一定可以做到，甚至優於人類。
有一天人工智能會取代人類，也或會代替人去思想，
建造一個屬於「人工智能」的世界。
這些都並非科幻，而是看來可能即將發生的世界。
就算現在還沒有人工智能控制人類的世界，
已經有很多人訛稱懂得催眠讀心術，
甚麼「第三隻眼」、「動物傳心術」等等大行其道，
而他們聲稱能看穿人心、看穿動物、甚至鬼魂的心。
我只是很好奇，如果那些人能看穿人心，
為何只在廣告、電視劇、電影出現？
也有很多人說：
「催眠能看穿人心，所以要很小心，不要被催眠！」
如果催眠真的看穿人心，
可能統治者早已被操控。
人雖然脆弱，但人工智能總不及人性。
如果有一天真的有看穿人心的人工智能，
你也要懂得看穿人工智能的「心」，
不要被它操控。
控制人工智能？控制人心？
還是利用自己擁有無限智慧的心去控制一切人工智能？

#人 #其實 #可以 #操控 #一切 #manipulate

要控制一個人，談何容易……

<012>

催眠中的控制

你可以靜靜地、慢慢地放鬆自己，並跟隨自己的內心隨意聯想：

催眠並不是盲目控制，而是你情我願。
要令人進入你的世界，對方才會遵照你的指示。
假設我希望你請我吃飯，但你與我素未謀面，
我要求你立即拿出錢包結帳，你並不會這樣做。
當在一個吃飯的環境，我們談了很久，
漸漸開始熟悉，而且無所不談，
大家就會慢慢建立了一定的信任關係 (Rapport building)。
在結帳時，我告訴你我沒帶錢包，
此時你或者會拿出錢包結帳請我吃飯。
當然這一切並不一定發生，
視乎情況而定，
催眠亦可作如是觀。
催眠就是一步一步誘導受助者進入催眠師的世界，
與其共同商議，最後共同解決問題。
透過合適的催眠引導，
雙方一起共同合作，
被催者便能達到與催眠師共同商議的理想目的。
人是受理智與感性影響的動物，
如果你不想做的事，
他人沒法強迫你去做。
下次若想別人請你吃飯，
你應該懂得怎樣做。
記得千萬別做壞事啊！

#如果要 #進入別人 #內心世界 #關係 #也很重要 #change

<013>

愛情催眠

你可以靜靜地、慢慢地放鬆自己，並跟隨自己的內心隨意聯想：

催眠絕不可以令一個人愛上另一個人。
曾有一位朋友對我說：「不如你替我催眠那個女生，
我真的很喜歡她！」
我只好苦笑，啼笑皆非叫他面對現實。
催眠並非萬能。
人是有感情的動物，有自己的邏輯思想與內在情感，
豈能說愛就愛？
不如面對現實吧！
說到愛，不需旁門左道，還是靠自己去愛。
要愛就要勇敢去愛吧！
結果如何，
愛是由自己選擇，
也由他人而選擇，
是你情我願，而不是一廂情願。
我們可以來一個非常簡單的自我催眠：
閉上眼，
想像自己是一個有魅力的人，
我們要懂得去想，
並設法成為那個人，
我們要相信：
我會把身邊的好事都吸引過來。
終有一天我愛的人會找我，與我共渡餘生，
分享著這世間美好的一切。
想到這裡，你的感覺是否也好了一點？
一點點也好？

人生 # 不只 # 愛情 # 努力成為 # 一個吸引的人 #love

「人可以控制行為，卻不能約束感情，因為感情是變化無常的。」
—尼采

談忘記

你可以靜靜地、慢慢地放鬆自己，並跟隨自己的內心隨意聯想：

有人問：被催眠後，可忘記前度嗎？
答案是：因應催眠次數與自己的決心。
如果你自己在處理一段難以忘懷的感情時並不想忘記，
誰都不能迫你忘記，因為回憶多美，
在你心中便留下多痛的傷口，
所以你總不能說忘記便能忘記。
若我叫你閉上眼，不要在心中想大象，
千萬、千萬、千萬不要想紅色的大象（停頓十秒左右），
你還是一定會想的。
你的大腦（潛意識）從來不懂分真假，
不論好壞，它都會把你說的一切都吸收。
催眠只可令你更積極面對，
讓你自己去想像一個「更好」的自己，
只要你朝著這個方向，你會成為一個「better me」！
常言：「下個更可愛！」
忘記最快的方法是面對。
不過有些傷痛是不需面對，也不需要解決的，
就像傷口一樣，
不需刻意去碰，
碰到可能會痛，
但你可以選擇和傷口共存，並靜靜的去欣賞……

#要#忘記#不如#去#面對#lover

《易經》告訴我們的是什麼道理？是一個變的原則。
大家千萬記住，宇宙間沒有不變的事，
沒有不變的人，沒有不變的東西。
而且天天在變，隨時在變，隨地在變，無一而不變，也不可能不變。
——中國哲學家南懷謹

第一章・有關催眠

<015>

催眠作為一種治療方式

你可以靜靜地、慢慢地放鬆自己,並跟隨自己的內心隨意聯想:

催眠治療是一種治療內心的方法。
它不是電影、
不是去賣藝、
更不是一種把戲。
導演陳正道在執導電影《催眠大師》時曾說催眠是:
「只關鍵你是想知道真相還是你想知道你所認為的真相。」
如果催眠可使你瞬間睡著、
可瞬間使你赤裸身體、
又可使你做出各樣如雜技團裡不同動物的動作,
這樣不是催眠,
可稱之為催眠雜技。
如果操控那麼有效,
那麼全世界也應該已被「操控」。
我相信符合人性化的事比一切更重要。
催眠要有想像空間,
但在我心目中並不神化。
治療從不是花巧的東西,
更多是自己探索內心的過程,
你可以透過催眠探索自己內在的一些感受,
化成自己的內在資源 (inner resource),
把它們外化,應用到自己的行為上。
通過催眠,我發覺了自己的想像無限,
所以我都把我的想像化作文字。

治療 # 自己的 # 內在過程 # 從不是 # 花巧 #hypnotherapy

願你今天用另一種角度去看催眠……

<016>

一個簡單的潛意識測試

你可以靜靜地、慢慢地放鬆自己，並跟隨自己的內心隨意聯想：

在進行催眠時，不一定要閉上眼睛才可進入你的內心。
事實上，當你張開眼睛也可找到你的一些內心想法。
現在，讓我來和你做一個簡單的測試。
美國心理學家庫尼和馬克帕蘭 (Kuhn & McPartland) 曾設計 20 項
「WHO AM I ？」
(Twenty Statements Test, TST) 的心理測試，
這個測試有助我們問一問自己的內心想要甚麼。
你可先拿出一張紙、一枝筆，
然後盡量安靜自己，腦海一片空白。
其後，
你把腦海裡最先浮現的二十句：
「我是……」句子記下來。
當你記下第十句的時候，
你腦海或者會慢慢地有一些自己想也沒有想過的事浮現。
我也試過以下測試寫，如下：
1) 我是一個男孩。
2) 我是一個催眠師。
3) 我是一個……
……
10) 我是一個太陽。
……
20) 我是……
我覺得一開始寫下的句子可能很表面，
但我發現愈中間就會開始出現一些無意識的慾求。
問到了最後，或許沒有答案，
而我寫到最後，
竟寫下了：「我是誰？」
答案如何也不重要，
但某程度上，你所書寫的也是你內心中的一些反映。
這看似一個很無聊的測試，
但不妨一試，看看自己想要甚麼。
你是誰？你又想成為誰？

#人最重要 # 是 # 知道自己 # 想到甚麼 # 寫下來吧 #test

<017>

敘事者的體會

你可以靜靜地、慢慢地放鬆自己，並跟隨自己的內心隨意聯想：

著名文學批評家、美國芝加哥大學韋恩教授 (Wayne Clayson Booth) 在 1961 年出版的《小說修辭學》 (The Rhetoric of Fiction) 提出了一些重要的文學觀念。

他指出作品裡，有不同的敘事者，

就如「隱含的作者」、「可靠的敘述者」、「不可靠的敘述者」。

我認為人生亦可作如是觀。

很多人在接受催眠時總會說：

「我是被家人迫來的！」

「我根本沒有問題，是家人的問題！」

「我沒有錯，全都是他們的錯！」

人總愛聽故事，多於道理。

下次，

當別人提起你的問題時，

不如說一個別人如何看待你的故事。

我們人生的故事，從來不是由自己一個寫成。

我們的故事，大多局限於自己的眼光如何看世界。

其實，我們的故事只有一部分是由自己寫成，

大多部分是由別人組成。

我們的敘事角度、

我們的說法，

我們的故事並沒有絕對的可信性。

人生就是一場電影，

每一個角色都從第一身角度出發，

而非像觀眾從第三身角度透視電影的整體。

我們對自己的存在也有太多的不認識，

我們對故事裡的其他角色以至他們的想法，

更讓我們無法從直覺得知，

所以從不同的敘事者出發，

我們或可看到更多、更多盲點。

一個人的說話很片面，

會流於自己的角度。

自己的故事由自己口中說出和別人說出口的，
根本又是兩個故事。
你可嘗試改變自己的內在想法，
代入別人說自己的故事，
看到的會否更全面？

#誰#一直#寫#誰的#故事#stories

有關催眠的實踐：

人都很脆弱，有時就算我們覺得很快樂，
很快又會被某些事弄得不快樂，所以學懂
自我催眠就是幫助自己的最好工具。

018

催眠中的自動書寫

你可以靜靜地、慢慢地放鬆自己，並跟隨自己的內心隨意聯想：

求學時期，我們總愛發白日夢。
我們發白日夢時，總愛寫寫畫畫。
催眠有一種技巧叫「自動書寫」，
這技巧介乎意識與無意識之間。
自動書寫嚴格上沒有被歸類為催眠，
但亦常用於催眠的手法當中，
我們可在"Spiritualism"（招魂術）的歸類下尋找，
或可在臨床應用（Dissociation）中找到相關概念。
自動書寫是一種分離狀態，能夠將自己與當時環境分離，
是一種非由己意的書寫過程。
簡單的方法是：
你可以放空你所有的情感，
把你當下所想的一切思想感情記載紙上。
這個過程十分簡單。
你可以閉上眼，
拿著一張紙、
一枝筆，
你只需把你所想隨心抒發，
不需用任何意識判斷，
讓手自動書寫，
它會把一切記下。
不論你寫了甚麼、畫了甚麼、口裡吟誦甚麼，
也可反映你當下內心渴望些甚麼。
很多看似無意識的字，其實也可以很有意思。
想寫便寫吧！
下次你發白日夢時，
或者無事可做，
也不妨一試，
看看自己在想甚麼。

#你 #想 #寫甚麼 #自己 #決定 #write

<019>

感覺自己的自我催眠

你可以靜靜地、慢慢地放鬆自己,並跟隨自己的內心隨意聯想:

每一個人都有一種屬於自己的感覺。
每個人一覺醒來,
意識還是迷迷糊糊,
這時就像我們在催眠所說的恍惚狀態。
在那時候,我們一天的第一個感覺會開始出現。
你可以在下床的一刻,
記得是下床的一刻,
腳指點到地板上的那一刻,
想一個感覺,
記得只是一個感覺。
這是一天的開始!
不管你精神如何,
你都需要注意你第一個感覺,
這個感覺決定你一天如何。
感覺可以很抽象,
但你不需質疑自己。
如果你只想到某卡通人物就想吧!
想它如何共你創造一天、
想它如何陪著你、
想它化成某某你熟悉或不熟悉的人;
如果你想到的只是一個很空泛的感覺,
如:快樂。
那就讓自己快樂吧!
想一想快樂是怎樣?
然後,你可嘗試把抽象化成具體,
最後把這感覺放大並記下,
它可以陪你過一天。

變得 # 快樂 # 有 # 很多 # 方法 #happiness

「生命不等於是呼吸,生命是活動。」
—盧梭

<020>

一個集中的自我催眠

你可以靜靜地、慢慢地放鬆自己，並跟隨自己的內心隨意聯想：

接下來，我想告訴你一個高度專注的方法。
這方法只是為了讓你進入高度專注、
更集中的狀態。
這只是一種潛移默化，
強化記憶的方法，
這是一個稱為睡前法的自我催眠 (self-hypnosis)。
這個方法就好像你曾在某個地方無意中聽到一首琅琅上口的歌，
你一直不知道這首歌的歌名或聽過所有歌詞，
但這首歌一直在你腦海揮之不去。
你很喜歡這首歌，
所以你不斷在腦海重複吟唱，
直至有一天，
你又在某場合聽到這首似曾相識的歌，
就算你不認識這首歌，
就算你忘記了歌詞，
你也會不自覺地想起這首歌的旋律。
如是者，
當你每天醒來，
你可以在還未完全清醒之時，
跟自己說一句：
「我一定能夠集中！」
你甚至可每天重覆十次以上，
直至印象深刻！
你不要嘗試了一天便放棄，
你可嘗試這樣做十天、二十天、一百天……
當你潛移默化地對自己說一些重複性的話，
你會把此話植入你的潛意識，
然後你的大腦會不知不覺間把它變成習慣。
最後，
你會發現你比從前集中。

你有沒有試過曾對自己說一些重複的話：
「我明天會變得更有活力！」
「明天一定會更好！」
「明天又是新的開始！」

當人 # 更集中 # 便可 # 有效 # 處理問題 #focus

<021>

自我催眠

你可以靜靜地、慢慢地放鬆自己，並跟隨自己的內心隨意聯想：

當你初步學會了以上兩個自我催眠後，
同時，
你還可以針對現時狀況，
自行擬定一些自我催眠。
只要你掌握到自我催眠原理，
就可運用於生活中。
例如：
當你病了，
你可以在吸氣時，
想像空氣化成一道具有治療能量的光。
當你吸入時，
想想此光照遍你身體每一個角落，
流通至身體生病的部位，
你會發現這道光可以帶給你前所未有的溫暖。
你也必須時刻提示自己，給予一些正面暗示 (positive suggestions)，
如：
你會慢慢好起來。
光線有沒有用？照到身體哪一個地方？
只要你想像到便一定有用！
只要你相信，
你便會好起來。
當你想到一些能令身體放鬆的練習，
閉上眼，
你就能想像得到！

當你 # 懂得 # 自我放鬆 # 心情煩瑣 # 隨之減少 #selfhypnosis

<022>

安靜的催眠法

你可以靜靜地、慢慢地放鬆自己，並跟隨自己的內心隨意聯想：

首先，你可以放鬆自己。
站著或坐著也沒有所謂。
此時，你只需專注在自己的呼吸，
不需理會其他人，
只要不受過多干擾便可。
然後，
你可以隨意選擇做多少次深而長的深呼吸，
想做多少便多少。
通常在數個深呼吸之後，
你會發現自己更放鬆。
當你重複數次後，
你可以再在心裡默唸：
「我會慢慢從一數到十，
每數一個數字，
我可以進入更深的放鬆狀態，
我的整個人會更輕鬆、更自在，
數到十的時候，
我的身心會愈來愈舒暢。」
當然你不用在意你用多少時間去做，
想做多少便多少，
也不一定由一數到十，
可以是二十、三十或四十，
只需自我感到舒服便可。
當人緊張時，
呼吸會變得急促而淺。
當我們緩緩地深呼吸，
呼吸會變得慢而深，
我們的內心也會感到平靜。
當我們暫時放下煩瑣，
正面的能量也會隨之而來。
當你看畢全文，
我想請你閉上眼睛。
憑記憶想像剛才看到的文字。

正面的 # 能量 # 能幫助 # 你 # 面對困難 #positive

<023>

續‧安靜的催眠法

你可以靜靜地、慢慢地放鬆自己，並跟隨自己的內心隨意聯想：

這個方法是上述方法的深化版，
可以交替運用，或單獨練習。
經一定的練習，你的心境會更安靜。
每個人都有不同的令自己平靜方法，有人會用：
意象鬆弛法、瑜珈、打坐、唸經⋯⋯
甚麼方法可以令我們心境更平靜？
每人方法都不同。
如果你的想像力豐富，你可以嘗試這個聯想意象法。
你可以在心裡想像：
有一個感覺就如一塊石頭掉進湖裡，
你平靜得甚麼也聽得到。
你的大腦很少如此清晰，
或許這就是平靜吧！
此時你可以想像自己是一張白紙，
著地無聲。（我也知道很難，但你可以嘗試！）
白紙幻化成一隻燕子，
然後你慢慢飛到湖邊。
你聽到附近一個老人慢慢舉起一塊碎石，
輕輕拋進湖邊，
濺起了一絲水花。
碎石慢慢落入水裡，
碎石慢慢沉下去。
最後你（燕子／或是自己）也變成了這塊石頭，
沉進無邊的水裡，
消失了⋯⋯
讓自己休息一下，再慢慢變回一隻燕子，
變回一張白紙，
慢慢變回你自己。
你想像到嗎？
如果你覺得這個方法會令你人格分裂，
有一定的危險，
你可以選擇只做簡單的深呼吸，
忘記這個方法吧！

#每人的 #內心 #都追求著 #一絲 #平靜 #calm

<024>

心跳

你可以靜靜地、慢慢地放鬆自己，並跟隨自己的內心隨意聯想：

現在我會和你做一個十分簡單的催眠，切記一切要慢，
時間因人而異。
你可以給自己些許時間冷靜下來，最重要是能讓自己放鬆。
當你閉上眼，
四周的聲音靜止，
人聲、車聲、風聲，以至雜音都沒有。
你可以嘗試把自己帶到一個屬於你自己的空間，
甚麼地方也可，可以是花園、也可以是沙灘、甚至是宇宙，
只要你覺得舒服！
你終於可以放下在意別人看法的執著，
你只需在意自己的感覺便可以了！
在那裡，你可以暗示自己放鬆整個身體。
你會發現緊鎖的眉頭似乎放鬆了、
眼球也不再看到世界的一切、
鼻腔不必再吸入城市的廢氣、
緊咬的牙關，上顎和下顎的牙齒也暫時分開，得到放鬆，
而耳朵可以聽到你想聽的聲音……
你可以趁尚有感覺，感覺自己的心跳。
你也可以聽聽自己的心跳，
甚至聽得長一點，
最後或只剩下自己和心跳的存在。
在那時，你可以跟自己的內心進行情感對話，
給予自己一些時間醞釀和感受，
最後感恩自己還活著。
接著你可以在內心數三聲，
然後慢慢清醒過來。
1，下次失意時，不妨聽聽自己內心聲音。
2，你一定可以每一次做這練習時都比以前放鬆。
3，當你準備好，慢慢打開眼，為迎接明天做好準備。
你還剩低幾多心跳？

感恩 # 自己 # 活著 # 一天一天 # 成長 #thankslife

放慢生活，就能創造更多。給自己一些時間，忘掉所有，
重新迎接未來。

<025>

時間並不等人

你可以靜靜地、慢慢地放鬆自己，並跟隨自己的內心隨意聯想：

我總覺得時間不等人，所以我經常為自己做一個催眠。
經一定的練習，你的心境會更安靜，接近無我 (selflessness) 的
狀態。這當然需要很慢、很長的時間練習。
你可以想像一下：
你是一個時鐘。
在異空間裡，
你轉得愈來愈慢、
愈來愈慢、
愈來愈慢……
你必須忘記了自己的工作，
忘記自己本來要轉。
在這空間裡，
你不用再轉，
也不用再怕，
因為它是屬於你的地方。
在那裡，
你可以忘掉你的時間！
只要你願意，
留多久也可！
當你舒暢了，
你可以告訴自己，
這個不轉的時鐘會在你下次累的時候再出現。
當你準備好了，
你便可以慢慢醒來。
如果你甚麼也想像不到，
你也要記得要找一個方法讓自己好好休息！
時間並不等人，
正正如是，
我們要休息足夠，
才能有力氣走更遠的路。

你的 # 心裡時鐘 # 可以令你 # 放慢生活 # 節奏 #time

理論並非最重要，實踐才是最重要。唯有改變自己紛亂的想法，使心境平靜，
　　　不再受過去所限，努力現在，便是未來……

第一章・有關催眠

據 Arons Depth Scale 的定義，三、四級催眠深度會開始產生遺忘，不論是數字、名字或者可能是似曾相識的事：

第三、四深度開始產生暫時失憶 (Amnesia)、麻醉 (Anesthesia)。第三級深度開始使人無法說出數字，而第四級深度開始使人完全忘記數字及止痛，但仍有觸摸感覺。

第三級：

這是容易接受暗示及建議的狀態，開始出現暫時失憶的階段 (Amensia)。當被催者接受指令時，可能無法從椅子站起、無法走路、數字遺忘 (Number block) 即暫時忘記數字、忘記一些言語 (Aphasia) 如名字、痛感局部消失如：臉部被捏捏時有感覺，但沒有痛楚感覺，氣味或嗅覺改變或局部記憶遺忘 (Partial Amnesia)。

此時被催者的意識狀態約為 60%～75%，潛意識狀態約為 25%～40%。

第四級：

這是開始麻醉、止痛的階段 (Anesthesia stage)。被催眠者接受催眠暗示後可以出現進一步的遺忘，亦能夠在深度中進行時間遺忘 (Amnesic)、催眠麻醉或催眠止痛 (Analgesia) 等。

此時被催者的意識狀態 45%～60%，潛意識狀態 40%～55%。

催眠在乎想像，你可在裡面創造一切的可行性。夢常在我們睡後出現，但在催眠裡，我們也可以做一場夢……

第二章・有關夢

有關夢的引言：夢有荒誕的夢、有現實的
夢、有反映內心的夢……
夢是一個人過去與內心交流的反射，揭示
著現在與將來的整體，也是潛意識不可或
缺的部分……

有關夢境：

夢究竟是甚麼一回事？

\<026\>

夢如靈感

你可以靜靜地、慢慢地放鬆自己，並跟隨自己的內心隨意聯想：

你根本不會知道你將會做怎樣的夢。
若你知道，
那根本不是夢。
那是你的想像、聯想與意識……
佛洛伊德解釋做夢的目的是為了了解人類內心深處的祕密，
那是我們現實沒法輕易感知的事，
而通過夢，
這些祕密會在內心釋放出來。
你大概不會記得每天發了那些夢，
卻總有一些夢令你印象深刻，
激發你思考。
夢就如靈感，靈感從來不會源源不絕，也不如水湧而山出。
靈感總如風一絲絲浮現，或疾或徐。它不會告訴你何時出現，
來去無蹤。
不過我總是相信，
如果今天沒有了靈感，明天便會有。
今天沒有雨，明天或者會下雨。
我們總是需要盼望，也總需要等待。
就好像你有解手的需要一樣，不會一下子便會來，
你需要等待，你需要積累，到要來的時候就會仙女散花。
夢，
願意等就會來。
它是永遠也不會離開你的朋友，
總會啟發我們想出一些意想不到的事。

#夢 #瞬而 #出現 #總有 #一些原因 #inspiration

<027>

夢的解析

你可以靜靜地、慢慢地放鬆自己，並跟隨自己的內心隨意聯想：

所有夢都是內心的表達。

從夢到各種心理病徵、各種的失散線索、一些古怪的夢、
奇異的夢、不相連的夢，都在《夢的解析》一一展析。

沒有了精神分析學的佛洛伊德的開創，

當今的解夢心理學又是怎樣呢？

對於解夢的方法，當時有兩種非科學界釋夢的兩種方法。

其一是符號法：

第一種方法是利用物件相似性的歸納原則，以符號性釋夢。

它將整個夢作為一個整體，並嘗試著找另一內容去取代。

其二是密碼法：

這方法是把每一種夢裡的符號都編成一個密碼，

每個密碼對應一個有意思的內容，如一個密碼冊，

然後將夢中對應的密碼賦以解釋。

當然這兩個方法並不科學，

所以佛洛伊德又歸納和演繹了夢，初步把夢分為兩種：

「顯夢」(manifest content) 和「隱夢」(latent content)。

前者是做夢者醒來後能憶起的開放性題材，

那是一種夢的表面形式，

可以經過扭曲與偽裝。

後者卻是必須經過心理分析才能揭露。

他提倡以「自由聯想」的方法，

將隱性夢境從淺意識引導至意識心靈。

故精神分析學亦會以做夢者的個人背景、精神狀態將之分析，

從而得出夢的「密碼」，從中破解夢當中的象徵有何意思。

每一個夢都是密碼，而每一個夢的密碼都不同。

真正的解碼高手用的不是一把特定的匙，他用的卻是萬用匙。

他能因應千個不同的鎖，而解出千個千絲萬縷的夢。

真正知道密碼的人，真正的解夢高手，卻是我們自己。

每一個夢裡出現過的事物，都有著線索，反映現實與內心世界，

而事物本身都有著自己的象徵，解夢並不是占卜算命，

所以真正的意義是自己賦予的。

你懂得為自己解夢嗎？

#解開 #屬於 #自己 #夢的 #密碼 #password

<028>

我的夢

你可以靜靜地、慢慢地放鬆自己，並跟隨自己的內心隨意聯想：

我嘗試在《夢的解析》找回失去的夢，
開創永恆而不朽的夢。
凌晨十二時：我拿著佛洛伊德《夢的解析》；
凌晨十二時半：我看不懂，不知不覺睡了；
凌晨一時：佛洛伊德對我說他很欣賞莊子；
凌晨二時（可能是）：莊子與我說話；
凌晨三時（應該是）：我夢蝶，然後跟著蝴蝶飛；
凌晨四時（絕對是）：我墜下地來，醒了；
凌晨四時零一分：我放下《夢的解析》；
凌晨五時（或許是）：我再次入睡；
凌晨六時（夢裡的時鐘告訴我）：
我拿起筆，寫了《續‧夢的解析》；
清晨七時（在夢裡，我看得很清楚）：
我寫好了《續‧夢的解析》，告訴佛洛伊德。他說我寫我很好，
而真正的夢應是這樣，我再問他是怎樣。他給了我很多意見；
清晨七時半（鬧鐘顯示的）：他還未告訴我，已有人追殺我；
清晨七時三十一分，
我醒了。
夢是怎樣呢？
在夢裡好像擁有全世界，
又好像一無所有。
也許夢就是為了讓人猜不透才存在。
我好像說了很多東西，
也好像甚麼也沒有說。
這就是夢嗎？
譯夢的第一步通常是紙和簿放在床邊。在醒來時，意識還是迷
迷糊糊的狀態下把夢記下。這樣譯夢是最清楚的。
醒來後，我立即把此夢記下，
因為我怕我會忘記，
忘記了一些重要線索。
夢是日有所思，夜有所夢的事？
最近我是否看得佛洛伊德與莊子太多？

#夢 #是 #探討內心 #的 #工具 #letgo

<029>

夢蝶

你可以靜靜地、慢慢地放鬆自己，並跟隨自己的內心隨意聯想：

誰都有夢，古人也有夢，故莊周也夢蝶。
莊周是楚人，
單從苗族文化《鏖鼓詞》，
蝴蝶便為是楚人的「始祖」。
蝴蝶素來是苗族重要圖騰之一，用作崇拜。
在中國，單是蝴蝶種類便有一千三百多種。
莊夢見不足為奇。
西方天文學家霍金亦對莊周夢蝶尤感興趣。
他曾提出：
「莊周夢蝶，
也許因為他是個熱愛自由的人。
換做我的話，
我也許會夢到宇宙，
然後困惑是否宇宙也夢到了我。」
單靠直覺看「莊周夢蝶」則流於關聯感應，
未必能真正了解莊子內心。
心理學家榮格認為夢是真相，夢是自己與潛意識的交談。
或者每一個人都會「日有所思，夜有所夢」。
所以最好的方法是：
任由每一個夢，都與自己去交談！
我經常也在想：
如果我不斷夢到自己是李嘉誠，有一天我會變成他嗎？
如果年輕，
何妨有夢？
你或會夢到你意想的，
然後有一天把它變成真實。

夢 # 是與你 # 內在的 # 自己 # 對話 #dialogue

<030>

夢的待續

你可以靜靜地、慢慢地放鬆自己，並跟隨自己的內心隨意聯想：

夢令人著迷！
我們都難以抗拒夢的誘惑，
而夢或多或少也會帶來正面或負面的影響。
我們入睡後，
對現實的抑壓力會降低，
而我們內心深處的願望會影像化，
這就是夢的形成。
其實人一天平均做四五次夢。
據一些典型的心理學書籍對夢境說法及筆者經驗，
筆者概括以下常見的夢境，
以下僅供參考：
— 墜落的夢：
這些夢通常與我們心裡對某件事感到不安或恐懼有關，
而這些大多數都來自於我們人生、工作、學業失敗或失戀等。
— 飛翔的夢：
這些夢通常是我們在人生、工作、學術或戀愛上獲得成功感；
其次，
我們很想做某些事情的心情也會形成「飛翔」的願望。
— 被追逐的夢：
這些夢通常是我們對某事不安或身陷麻煩，
就好像我們會因工作繁忙而產生被追逐的感覺，
這些感覺可能來自學業或公務繁忙。
— 擁抱的夢：
這些夢通常是我們再次確認信我們信任的人會回到自己的身邊。
這並不是一個絕對準確的解釋，
只有概括性，沒有必然性。
你的夢境又是怎樣呢？
你又會如何解釋？

你的夢 # 反映了 # 自己 # 的 # 內心渴求 #daydreaming

<031>

夢境

你可以靜靜地、慢慢地放鬆自己，並跟隨自己的內心隨意聯想：

很多潛意識的釋放也與夢有關。

夢就是如何思考才能滿足自己願望的產物。

人在睡眠時，潛意識中的本能衝動會以偽裝的形式表現出來，

這就是夢境的形成。

不論是怎麼樣的夢，

都不外乎是滿足現實願望的一種表達方式。

男孩會做夢，女孩也會做夢。

筆者在夢的待續提到夢，

今再作進一步探討：

— 懷孕的夢：

若孕婦不想懷孕，

內心期望或抗拒都會以夢的形式表現出來。

女性可能會夢到小魚、河川、海洋與水有關的東西，

這些都是與懷孕有關的象徵，而這有人猜測與羊水有關。

— 生病的夢：

當我們生病或受傷也會夢到暗示生病的夢。

如：喉嚨有一塊煤炭、被針刺等等。

— 死亡的夢：

如果我們做了一個與死亡有關或離世的夢，

這代表我們有些事需要重新開始，

如：重新開始一段男女關係。

— 吵架的夢：

我們在日常生活中有些事未能滿足，

或與男女朋友吵架，轉而想發洩，

也會做這類的夢。

— 丟臉的夢：

如：裸體、女性誤入男廁；

我們會因害怕面試，或必須被人打量的場合而做這樣的夢。

— 到醫院的夢：

代表我們想逃避現實，想求助別人。

— 在夢中察覺自己做夢：

這也稱為「清醒夢」(lucid dreaming)。

這是指人在前意識之間，
未曾完全進入睡眠狀態。
你曾創造自己的夢嗎？

你 # 會 # 如何 # 演繹 # 你的夢 #dreams

<032>

造夢

你可以靜靜地、慢慢地放鬆自己，並跟隨自己的內心隨意聯想：

在電影中《星聲夢裡人》（LaLa Land）有一句這樣的對白：
"This is the dream! It is conflict and it is compromise. It is very, very exciting."
這句話雖說夢想，
卻可用來演繹夢。
夢既是衝突，
也是妥協。
夢可能會令人不安，同時亦合乎情理地融洽。
夢可以使人更迷失，亦可令人為之一振！
我也常常在做夢。
在夢裡看見種種真實與不真實的事情，
我也會視為我的啟導。
我認為所做的夢與生活有關，
也用以警惕自己。
有一陣子我的壓力太大，
我夢見到自己被一把利刀刺穿心臟，
我不想死，
所以嚇得醒來。
我醒來後，全身冒冷汗。
那次我的確給了自己太多無形的壓力，
可能是因為我小時候不懂處理壓力，
而考試又開始逼近，
所以做了這樣的夢；
又有一次，
因為一些絕望的事過去了，
而我又好像放下了，
我也是做著同一樣的夢，
被利刀刺穿心臟，
這次我卻視為我的重生。
我想夢裡發生的很多事在現實生活未必會發生，
但夢很有趣，
有趣在我們都可以自行剖析。

#我 #是 #一個 #愛造夢 #的人 #interpretation

033

<033>

抽離

你可以靜靜地、慢慢地放鬆自己，並跟隨自己的內心隨意聯想：

抽離 (Dissociation) 就好像一個人脫離自己身體，
從天上以另一個自己客觀地觀看原本自己的情感。
夢有時很真實，
讓人難以抽身。
這時我們要懂得抽離夢境，
用一個現實的世界去看一個虛幻世界。
這就好像我們去看電影，
如果情節太真實的話，
我們一時三刻會代入主角，
把自己變成與主角一樣，
產生鏈結 (Association)。
很多時候，
我們會受主角的情感以至他們的一舉一動影響，
一時不懂分辨真實世界與想像世界。
如果夢對生活沒有影響，
你可以嘗試融合它，
你亦可以從夢中找出能啟發你的部份並產生鏈結 (Association)，
如：你本身缺乏自信，但你在夢裡是一個很有自信的人，
你可以嘗試把有自信的一面慢慢融入你的生活。
如果夢境是負面的，
而你自覺對現實生活有影響，
你一定要抽離它。
如果抽離不到，
你可以在內心幻想有一把剪刀，
你拿起它，
它會替你切斷一切不良感覺。

＃不要 ＃過份 ＃投入 ＃在 ＃你的夢 #feeling

有關不同的夢：

以自己的夢去說着一個又一個的故事……

<034>

夢．夢想

你可以靜靜地、慢慢地放鬆自己，並跟隨自己的內心隨意聯想：

曾有一個男孩在異國的列車月台上一直走著、走著，
有一群陌生的紋身大漢迎面而來。
紋身大漢帶著並不友善的笑容，
一個又一個逐步逼近，
經過男孩身旁時更挾走男孩身旁的女朋友。
頃刻地動山搖，天崩地烈，他感徬徨無助。
高速的眼球轉動、
大腦的刺激、心跳的加快、呼吸的急速……
鬧鐘響起，
原來一切原是夢境，卻深深震懾男孩的心。
他並沒有女朋友，他暫時亦不需戀愛，
所以女朋友根本並不存在，
他覺得大漢挾走的是他的夢想。
夢總是以過去的生活經驗為基礎，
在當中加入了外界的刺激。
人類每年可以做多於一千個夢，
而夢是人在睡眠後上演的一場場戲，
也在進行自我的揭露。
無論三至八十歲，大概夢總離不開人們。
愈多的不惑，愈令人著迷，就是這樣，
男孩開始努力去探索自己的夢，
男孩開始探討真正的自己，
也反思自己的夢想。
他覺得現實生活就像一百個大漢包圍著，極度不安，
所以他很想出走，到異國無人認識的地方，
不局促於天地間，
原來這才是他想要的事。
如果你向著你想去的方向走，
有一天總會有一個人、一個夢帶你到你所嚮往之處，
一如《星星夢裡人》的這句觸動我的心：
"Someone in the crowd could take you where you want to go."
「茫茫人海裡總有某人可帶領你到你夢寐以求想去的地方。」
最後，男孩自己一個人去了一個旅行……

#夢 #也是 #自己 #夢想的 #探索 #explore

<035>

望遠鏡

你可以靜靜地、慢慢地放鬆自己，並跟隨自己的內心隨意聯想：

我愛看風景。
遠處的風景是我一直渴望想去的地方，
可惜大人都說那裡很危險，
而我只能在房子裡看風景。
在這個房子裡，
大人都叫我用望遠鏡看世界，
因為它可以看到很遠的風景。
但風景在的地方，
我都好像看不到。
房子一時變得很高，
直達天上，
高得讓我看不到風景；
房子一時又變得很矮，
讓我稍稍看到風景。
當我太留心看風景，
好像看到遠處風景的時候，
大人卻馬上拉上窗帷，
不讓我再看風景。
我知道大人總是有各式各樣的藉口！
這次，
大人告訴我天空下起雨來，
要拉上窗帷，好讓窗帷隔絕雨水。
窗帷阻擋了我看的風景，
何以大人卻說它在保護我，
為我阻擋雨水？
但天空不是一直放晴嗎？
其實望遠鏡看到的世界是真的嗎？
為何眼前的風景我看得不清楚，
大人卻要我看更遠的風景？
大人叫我拿著望遠鏡總會看到更遠的風景，

但他們真的讓我去看嗎？
遠處的風景，
真的是我想看到的風景嗎？
沒有望遠鏡，
眼前的世界還是我認知的世界嗎？
我是否看得《進擊的巨人》太多？

大人 # 教我 # 認知 # 的 # 世界 #cognitive

<036>

出口，入口

你可以靜靜地、慢慢地放鬆自己，並跟隨自己的內心隨意聯想：

你曾告訴我：
「只要用心感受世界，
多走數步，
就可以看到外面，
找到出口。」
大概這只是你的良心好過一點吧！
這個世上根本沒有出口，
出口只是另一個入口而已。
進進出出，
出出進進，
是造物者的騙人手段，
還是我把一切想得太理想？
我想你是懂的！
我想走，
我根本不想停留！
我寧願從沒踏入過這個入口！
你說吧！
哪諾言兌現了嗎？
我真的找到了出口嗎？
面對生活，
人很渺小。
有些事不需答案，
只需繼續走下去，
就會有出口？
但夢總是一個接著一個來，
永不中止。

何時 # 會走出 # 這個 # 夢境 # 人一定要不斷走下去 #exit

彷彿在地球上，會思考的生物都會發夢。他們的夢有聯繫嗎？
就好像在街上，路人會隨機碰上一樣，但我永遠也不知道他們是誰……

第二章・有關夢

<037>

空氣的夢

你可以靜靜地、慢慢地放鬆自己，並跟隨自己的內心隨意聯想：

「神就造出空氣，將空氣以下的水、空氣以上的水分開了。
事就這樣成了。」
—〈創世記 1:7〉
在創世紀還未有人類的時候，我已存在。
「神稱空氣為天。有晚上，有早晨，是第二日。」
—〈創世記 1:8〉
我在茫茫人海穿插，瞬間到了人去不到的地方。
我是虛無的意識與無意義的大自然程式。
有時我會通過大氣電波穿插，
無意義的飄來，又無意義的飄去。
有時我會隨其他的同伴進入不同人的腦袋，
喜歡到那裡就那麼，去看不同的故事。
人真的很有趣！他們睡著了會做夢！
可是為何人會做夢呢？為何人會有夢想呢？
而我只是「程序上地流動不息」，徘徊於天地之間？
我永遠不會知道！
我永遠只能看著人類，而他們卻看不到我！
我想睡，卻睡不著，也不能說話。
我只好不斷進入別人的夢境，
希望有一天有人會把我的夢記下來，
所以我又進入了另一個夢，
直至有一天有人會把我的故事寫下來……
榮格 (Jung's Theory) 的集體潛意識假設了：
祖先會把世代經驗存在人腦的遺傳中，
它一直是我們意識不到的部份，
如島一樣，露出水面的小島是人能感知到的意識，潮來潮去，
有時我們意識到、有時卻意識不到；
島的最底層是海床，就是我們的集體潛意識。
我的記憶是否承載了遠古至今的事？
而「我」是否感知了空氣的夢，所以我也夢到了它？

#是不是 #世上所有物質 #也會 #思考 #夢的意義 #air

唯有無限想像，才能戰勝抽象，
你覺得我在寫甚麼，你便去想甚麼。

<038>

它

你可以靜靜地、慢慢地放鬆自己，並跟隨自己的內心隨意聯想：

我關上燈。
這夜，我做了一個奇怪的夢，又再一次夢見了他。
我總覺得他是在不同的地方出現過，他是無處不在的！
他是不是不會死去？他總是在虎視眈眈看著我！
我記得他曾經出現在我的夢中，告訴我：
「我想知道人為何有夢，而我為甚麼永遠也不會做夢呢？
我嘗試去模仿人類，學習人類如何做夢，
可是卻永遠迷失在夢中，
不斷發著不同的夢。你可以告訴我嗎？」
我內心感到莫名的不安，他會侵蝕我的意志嗎？
就這樣，我醒了！
反正夢就是這麼不可思議，也不能解釋太多，也就算了！
如果每個夢，都是我們的感悟，也教我們學習一些事。
那麼我想：
我很慶幸上天讓我做夢，
可以讓我去思考，
而人生總好過於無夢可做！

人生 # 也是 # 一場夢境 # 造著 # 不同的夢 #daydreaming

EVER DREAM THIS MAN?

Every night, all over the world, hundreds of people see this face in their dreams. If this man appears in your dreams too, or if you have any information that can help us identify him, please contact us.

www.thisman.org

原來不止我夢到他，世界各地的人也在尋找他……

<039>

植物人的夢

你可以靜靜地、慢慢地放鬆自己，並跟隨自己的內心隨意聯想：

我沒有停止過思考，只是我不能說話。
思緒是具有意識的氣流，在空氣傳播，飄到每一個人的大腦中。
思緒又在空氣流轉，
我在一個又一個驚怯的夢輪迴。
在不同的夢，我總夢見一個不停製造惡夢的怪物，
怪物很想見到人類做惡夢，因為惡夢能讓它長大，
使它可以發放更多負能量。
又有誰見過它？我又能告訴誰？人為甚麼會做惡夢？
可能這個社會上實在有太多人不快樂，
所以怪物很容易乘虛而入，
而躺在睡床上的我，也不見得快樂。
在夢裡，
我總是穿梭世界各地，
尋找醒來的辦法，可是我根本沒有辦法。
我內心總是期待著！
我很希望有一天可以告訴所有人有關「惡夢怪物」的陰謀，
可是又有誰會聆聽？
但願有一天我能醒來，
走著路，
到處告訴別人：
做人一定要快樂，
別讓怪物成長！
醒來後，
我好像又把夢忘記了！

惡夢 # 無處不在 # 別讓 # 負面思想 # 充斥 #nightmare

<040>

夢的買賣

你可以靜靜地、慢慢地放鬆自己,並跟隨自己的內心隨意聯想:

我經過一個商戶,
他問我:
「有沒有夢可以販賣?
好夢、壞夢也總值些價錢。」
接著,
我依依不捨賣了幾個美夢,
做了幾個惡夢,
而惡夢總是沒人想要,
一個也賣不出。
這個社會上,
只要有需求的東西都應該值些錢?
包括自己的夢?
如果人可以買到其他人的「好」夢,
好夢便不再是他們的?
賣了好夢,
往後他們又做著甚麼夢呢?
夢是獨特的!
當我們不斷出賣自己的「好」夢,
就一定會做著自己根本不想做的夢。
買入、賣出,
賣出、買入……
我們可以交換夢、
可以用金錢買夢、
可以賣夢換取金錢……
這個大腦又會如何呢?
還有沒有獨特的自我呢?
如果我們都沒有了好夢,
難道惡夢可以讓我們的生活過我好一點嗎?
正當我在思考應再賣些夢時,
回到那個店舖,
只見四個字:
「關門大吉!」

#人總是 #為尋找美夢 #而活著 #不要輕易 #賣夢 #unique

催眠師的筆記

<041>

死後的夢

你可以靜靜地、慢慢地放鬆自己，並跟隨自己的內心隨意聯想：

夢只能出現在活人的腦裡嗎？
已故的人呢？
哪些長埋黃土下的人有夢嗎？
他們會報夢嗎？
我夢見死後的人也有夢。
報夢的人告訴我：
「正正因為死後的人有夢，
人類才會知道甚麼是天堂，
甚麼是地獄。」
在夢裡，他帶我走訪了地獄，
走訪了他生前最遺憾的地方，
他一直不斷輪迴，
不能平息。
他告訴我：
「如果人生也是一本記事簿，它會記錄一切，
死的時候，這本記事簿會一直跟著你。
如果你回顧這本記事簿，也覺得精彩，
那麼人生便無憾了！」
所謂的天堂，
所謂的地獄，
也就是這本記事簿。
我自覺所謂的天堂與地獄是人死後的夢，
報夢的人再報夢跟我們說十八層地獄與天堂的故事，
所以我們才會知道那些死去的事，
民間才會有這麼多有關天堂與地獄的事！
佛家說：
「人之所以痛苦，在於追求錯誤的東西。」
我只好把這個奇怪的經歷寫在我的記事簿上，
提醒我不要忘記今天的這個「夢」。

每天為 # 記事簿 # 添加 # 一點無憾 # 死也不可怕 #death

「放棄時間的人，時間也放棄他。」
—莎士比亞

<042>

不尋常的季節

你可以靜靜地、慢慢地放鬆自己，並跟隨自己的內心隨意聯想：

二零零三年熱浪侵襲歐洲，
導致四萬人死亡；
二零零六年全球發生多於二百三十次洪災，
數百萬人無家可歸；
二零一二年烏克蘭氣溫下降攝氏零下三十三度，
而內蒙錄得零下四十六度，
破了往年的低溫紀錄；
但這些這些都成歷史。
今天氣溫接近一百度，
我把藏在衣櫃裡的一千套大褸都剪碎了。
雖然我知道零下一百度的天氣可能明天便來，
但今天太熱了，
我根本不需要衣服！
我剪碎了大褸，
也覺難以洩憤。
明天再算了吧！
反正一百度的天氣也不用大褸，
而一千套大褸也抵擋不了零下一百度的天氣。
空氣是熱的，吹來的所有風也是熱的，
熱得讓人無法呼吸。
每一個人都戴著一個氧氣罩，
幾乎一模一樣，分不清樣子，
溝通也就算了吧！
大部分的動物也絕種了，
而人卻苟且活著。
我想有一天我該移民去火星更適合。
人為了甚麼而活著？
人為了與僅存的黴菌做朋友？
人為了生存而生存？
人為了繼續期待天氣惡化而活著？
是人，製造了天氣，
希望也是人挽救了天氣。

#珍惜 #現在 #而居於 #世界 #之中 #world

<043>

奇怪的夢

你可以靜靜地、慢慢地放鬆自己，並跟隨自己的內心隨意聯想：

我見到一些有四肢如人類的物體。
他們的臉上全是一個像問號的符號，
面目難辨。
他們曾經出現在我生活中嗎？
我卻說不出是甚麼生物。
我有見過他們嗎？
當我走近他們，
他們開始對著我說不知名的話，
我竟然一句也聽不懂。
一個不像人的人，
不像動物的動物在我面前似笑非笑，
我很害怕！
在我眼前是一條不是路的路，
由一些物質組成，
但那些有四肢如人類的物體在上面都行得很順暢。
我跑了……
沿途出現更多不知名的生物，
顯然我是異類；
我夢見別人（應該不是人）夢見著我，
他也發著同一個夢；
我夢見所謂的路斷了，
我掉了下來；
不知掉了多久，
粉碎了、
不見了、
消失了……
任憑我怎樣吶喊也是微塵中的微塵。
世界不再是世界，
是一堆由能量組成的物質。
如果這個世界有還原論，
最微小的我們，
本是同源嗎？

#物我 #一體 #你我 #本 #同源 #wholeness

有關夢想：

夢是一種夢想，要付諸實踐！人都說夢是過去的抑壓，也是對將來的展望……

<044>

累了

你可以靜靜地、慢慢地放鬆自己，並跟隨自己的內心隨意聯想：

"And when they let you down. You get up off the ground.
'Cause morning rolls around. And it is another day of sun."
—《Lala LAND》
當其他人讓你失望，
你還是要挺起胸膛，
黎明將來，
明天又會是陽光燦爛的一天。
我累了，
就去睡。
做一個夢，
明天再來面對現實。
就算生活有上千萬種痛，
有千萬種咄咄逼人，
讓人喘不過氣，
我也相信閉上眼可以甚麼也不理。
那怕每天只好了一點，
就只這麼一點點也好。
人常說：
「休息為了走更遠的路。」
我說：
「休息是為了讓我們不再走路。」
走路，會累。
不走，就不累。
一個好夢，
一天休息，
明天再來……

＃累＃就＃暫時＃不要＃走 #tired

<045>

夢的自由

你可以靜靜地、慢慢地放鬆自己，並跟隨自己的內心隨意聯想：

意象文學家王蒙曾多次以「蝴蝶」自喻，
他曾言：
「我作為小說家就像一隻大蝴蝶。
你扣住我的頭，
卻扣不住腰。
你抓住腿，
卻抓不住翅膀。」
這是他對自由的嚮往，
與莊子心中理解夢蝶如出一轍。
縱然現實有諸多制肘，
我們的夢卻總是不受約束，
怕的是我們連追夢的自由也不敢。
不妨去想一個好夢，
去做一個好夢，
把它化作自己的思想，
像蝴蝶自由去飛，
吸著最甜美的蜜，
如拳王阿里一樣：
"Float like a butterfly."
自由地做夢、
自由地飛翔、
自由地想像……
不一定化蝶，
卻可化成一切讓你無拘無束、逍遙自在的事物。

＃夢是＃自由＃和＃聯想＃的化身 #fly

<046>

創造

你可以靜靜地、慢慢地放鬆自己，並跟隨自己的內心隨意聯想：

夢也可以是一種夢想。
當我們有了夢，
我們便要去想，
想了便要去創造。
意識與潛意識總是連在一起，
我們要去創造屬於自己的橋樑。
一個人的夢總可讓世界認識，
那便不再是夢。
蘋果教父 Steve Jobs 以自己的創意改變整個世界。
他在 1996 年的採訪中曾說：
「創造力就是把事情連結起來。
當你問有創意的人他們是怎麼辦到的，
他們會感到有點心虛。
因為他們並不是真的在發揮創意，
他們就只是看到了某些東西並把他們連結起來。」
或者這是他自謙之詞，
但每個人也應有自己的夢想，
把別人所想、
把別人不去想的都想。
如果你把零碎的意念連結起來，
有系統、有組織地用另一方式表達，
那便是另一種創造了！
人生的點是可以連結的，
包括你的夢和夢想。
一思一念，
可以想出無限可能性。
一步一步，
或者可以改變世界。
你敢去創造嗎？

#夢 #有 #無限 #可能性 #去創造 #creative

"You are never too old to set another goal or to dream a new dream"
「新的夢想與新的目標永遠都不受年齡而界限。」
—文學家 C. S. Lewis

<047>

成真

你可以靜靜地、慢慢地放鬆自己，並跟隨自己的內心隨意聯想：

太多人都自覺夢想不會成真，
所以想也沒有想，
更沒有付出努力，
最後夢想當然不會成真，
付諸東流。
我們可以去看看那些發明家是如何發明東西，如：
萊特兄弟創造飛機、
愛迪生發明燈泡、
貝爾製造電話……
任何被發明出來的東西，
都應該來自發明者在心中見到的某些景象。
他們朝思暮想，
並開始去實行，
最後夢想成真！
有人告訴我：
無論你擁有宏大或是渺小的夢想，
最重要的是：
你要把這個夢想催眠成真的一樣，
並要日思夜想，
想想在夢中也可見到。
當你想像這件事變成真實，
你唯一需要想的是：
怎樣做得更好？
當你在想怎樣做得更好，
其實你又向下一個夢想進發了，
而夢想又開始實現。
有夢總好於無夢。
有夢總好於一開始已認輸，
不是嗎？

#輸#贏#都是在#你心#中#win—win

<048>

當世界都造著同一個夢

你可以靜靜地、慢慢地放鬆自己，並跟隨自己的內心隨意聯想：

人類世界實在有太多真與假、
人類世界實在太多是非判斷！
如果閉著眼的世界叫「真實世界」，
那麼在「真實世界」裡，
人不需要再分真假。
我閉上眼想像：
如果一生人只能做一個夢，
那麼當全世界都一起失眠，
又當大家一起入睡之時，
大家都會做著同一個夢。
共同的夢叫「現實世界」、
醒了的夢叫「死後世界」、
死後世界叫「虛無世界」。
那個絕對是歌舞昇平的世界！
一切物理的現象都存在！
人可以飛、
魚可以飛、
貓也可以飛……
繁華鬧市再無荒涼寂寥。
大家可以用想像隨意建構著自己想要的快樂，
同樣也可隨意建構一切的失望。
只要有想像力，一切皆可發生。
我並不知道這樣的世界是好是壞，
但現今的人都好像缺乏了想像的勇氣，
所有事也不敢去想、
不敢去做、
不敢去試。
席勒說：
「人生不過是一瞬間的事。
死也是一剎那的事。」
請你閉上雙眼，
回到一個屬於你的地方，
別讓你的世界也死去了！

#一個 #一模一樣 #的 #夢 #在每人心中 #inner

第二章・自圓夢

<049>

存在

你可以靜靜地、慢慢地放鬆自己，並跟隨自己的內心隨意聯想：

「存在先於本質」(existence precedes essence)
這是哲學家沙特的一個概念。
究竟有沒有道德或神是先於人存在？
神蹟很多也是經人類的口中而記載。
當我們在夢裡見到一些我們從來沒有見過的事或根本不存在現實的東西，
我們就會用自身的概念去詮釋，
把一切都說成不可能！
我相信：
若脫離了人類，
「神」或「道德觀念」不會存在，
所以這個世界根本沒有命運，
也沒有甚麼是不可能。
我只相信人能克服一切，
而所有的夢想都盡在我們心中。
人類絕對有能力去超越由自己所創造出來的本質和規條，
去選擇自己想做的事。
一個律師固然可以當律師，但他也可以自由選擇辭職，
轉而去當做一個老師。
一個老師也可憑著自己的努力，
成為律師。
只要你相信夢想「存在」，
只要你不認命，為你的夢想賦予意義，
夢想也會有一天變成事實。
你信人定勝天嗎？

#努力 #克服 #命運 #的 #安排 #existential

"The future belongs to those who believe in the beauty of their dreams."
「未來屬於那些相信夢想之美的人。」
——愛蓮娜・羅斯福 (Anna Eleanor Roosevelt)

未來是場夢

你可以靜靜地、慢慢地放鬆自己，並跟隨自己的內心隨意聯想：

未來終會變成過去，像發了一場夢，沒有存在過。
有人說：
「人死去後，便會醒來，我們會進入另一個世界。」
未來會存在多久，無人得知，也無人能證實，
但萬物總有成毀，包括了人類。
人會死去，地球會衰亡。
如果人生如夢，對於人，未來也是一場夢，
人總有一天會「夢醒」。
人生其實是場夢嗎？
究竟我們是在夢蝶，
還是蝶夢見我們呢？
夢幻論證是個懷疑論，
世間上的真假無法得知。
不過我相信每一個人未來會有一天真的會醒來，
到時所有事也歸於零，也終成為過去，周而復始。
魯迅說：
「我們總要戰取光明，
即使自遇不到，
也可以留給後人的。」
你相信未來是怎樣，
請寫下它，成為一本日記簿吧！
或者有一天，
我們也「夢醒」了，
而筆記也可以留給「沉睡」的人。
如果死去的人不埋在活人的心中，
那麼死去的人是真正死去了。
我在想：
如果我們可以永遠為未來而活著，
活在活人的心中，
其實也很不錯！

未來 # 是 # 一場 # 美夢 # 記下它 #butterfly

據 Arons Depth Scale 的定義，在五、六級深度是幻覺的階段 (Hallucination)。在此階段可以使人進入深度的潛意識狀態，我們愈能接近內在的潛意識。

第五、六深度開始產生麻醉 (Anesthesia) 和幻覺 (Hallucination)。第五級深度開始使人麻醉，沒有觸摸感覺，也使人開始出現看不到存在的東西，出現正向幻覺。第六級深度開始使人看到不到存在的東西，出現負向幻覺。

第五級：

這是正向幻覺 (Positive Hallucination) 的階段。此時，被催者會開始出現一種類似夢遊 (Somnambulism) 的狀態。被催者會極容易接受建議和暗示，可以看到一些不存在現實的人物或物件。被催者可以開啟許多超感官的潛能，甚至可以經歷過去的事件 (experiences past event)，進行時間回溯 (Age Regression)，過程中可能再次經歷過去的事，回到童年。

此時被催者的意識狀態約為 25% ～ 45%，潛意識狀態約為 55% ～ 75%。

第六級：

這是負向幻覺 (Negative hallucination) 的階段。此時，被催者會無暇他顧，進入深度的夢遊狀態 (Profound Somnambulism) 或徹底麻醉 (Complete Anesthesia)，有些人會進入極深的催眠狀態，融入潛意識的世界裡，被催者或會看到一些不存在此世上的人或事物，甚至有些人會忘記在催眠裡所發生的事情。通過一定及足夠的六級深度，被催者能與最內在的潛意識對話或會有前世回溯的經驗，回到前世，再次經歷前世，與前世的人對話。

此時被催者的意識狀態約為 1% ～ 25%，潛意識狀態約為 75% ～ 99%。

第三章 · 有關前世今世

催眠相信每個人都有屬於自己的過去，而通過前世回溯看到的所有景象，都是屬於我們自己的投射。

有關前世今生：

若能了解「前世」，或其實是自己深層潛意識與自己對話。你便可在每一個「前世」的線索裡認識自己，讓你反思過去，活出屬於自己的未來。

入題

你可以靜靜地、慢慢地放鬆自己，並跟隨自己的內心隨意聯想：

聽過一位友人說笑：
「整個世界都是幻象。在現今世上，
只要不被騙，你的人生已贏了一半？」
然後我問他另一半呢？
他似答非答地說：
「只要勇敢地去嘗試，直至你認為事情是對的。
這世上只有你相信與不相信。」
很多人認為催眠的時間回溯，
可以回到我們自己童年，甚至前世。
這聽起來很荒謬，但又何嘗不可？
世間上所有的事都是你信與不信，做與不做。
有沒有神？
你信便存在，不信便不存在。
夢想會否成真？
你信了，向前邁進便可能會成功。
如果連你自己也懷疑，
那你怎樣也不會成功。
我相信即使是一個已死後的人，
他也會轉化成一堆物質，
可能是養份、可能是碳、可能是灰……
他也總會以某一種形式存活在世上，與世人連結。
這有點像我們在生死教育裡所說的持續性連結 (Continuing Bonds)，
在生者會使用不同方法與逝者連結以懷念他們，
延續他們的精神，生生不息。
生命的誕生是一個起點，
決定了你永遠的存在，
而墳墓永遠並不是一個人的終結點……

#你信 #的 #一切 #都會 #存在 #unconscious

催眠在於暗示，暗示就是：
催眠師說甚麼，被催者的內心世界便會變成甚麼。

催眠師的筆記

<052>

前世景象

你可以靜靜地、慢慢地放鬆自己，並跟隨自己的內心隨意聯想：

如果你有接觸生死學研究，
一定會聽過前世回溯 (Past life regression)。
在前世回溯裡，
人的潛意識總浮現某一些你見過或未見過的畫面。
如果你相信這個世界有無限可能性，你或者會相信前世。
或者你前世來過這地方；又或者我們今世到過這地方，
只是我們忘記了；又或者我們已經歷過一生，
畫面只是隨處在腦海浮現……
哪麼前世景象到底存在嗎？
其實時間、前世這些概念都是由人類「創造」出來，
這世界本來就沒有時間。
物理學家提出的宇宙「大擠壓」 (Big Crunch) 理論便推測，
宇宙在發生大擠壓時，時間會逆轉，一切都向過去發生。
在「單元宇宙」 (block-universe) 裡，
時間和空間本就連在一起。
愛因斯坦的相對論亦認為空間和時間只是四維時空結構的一個組成部分，
所以過去、現在、將來本是同時存在，
並行不悖，亦無違背宇宙法則。
在研究前世催眠的經典書籍《前世今生》一書，
凱瑟琳告訴精神科魏斯醫生 (Brian L Weiss, M.D.)，
她至少有八十六次前世，
她亦能清楚描述許多前世生活畫面，
迫使魏斯醫生不斷尋根究底，
最後使他放棄對科學的所有信賴，體現生命的另一面貌。
一般人也會在前世回溯裡看到某些他們曾未接觸的影像，
就如他們會回到古代的場面，
他們會見到自己是某一將軍、平民、詩人、文學家……
前世的景象可以是一個整體，或者是一些散亂的線索。
聲稱可以看到前世的人實在太多，

多少是真，多少是假我並不知道，
但很多進行過前世回溯的體驗者也能具體指出當時所感、所歷、所聞。
到底是真有其事，還是看得小說、電視、電影太多？
你說呢？
不論你相不相信，處理前世回溯必須很小心，
不論成功與否，它也會觸及你的情緒。
是真是假，在乎你的信念。
如果你相信催眠，
你姑且把前世回溯當作為一個認識自己的一個途徑，
那麼你看到的一切也是在反映你此時此刻最內在的感受。

#待#你#探索#自己#內心 #explore

"We should all start to live before we get too old. Fear is stupid. So are regrets."
「在變老之前我們要好好生活。害怕是愚蠢，而後悔也是。」
— 瑪莉蓮夢露 (Marilyn Monroe)

<053>
前世的説法

你可以靜靜地、慢慢地放鬆自己，並跟隨自己的內心隨意聯想：

你延續了你的前世，帶到今世，再帶到下世。
你相信嗎？
你有聽過「全息理論」(Holographic theory) 嗎？
這理論指出：
在我們記憶的運作中，我們常以局部代表全部，而信息的一部
分往往是整體的縮影，我們的大腦偏向會召喚出過去的記憶。
就好像我們去了一個陌生的地方，見到一棵似曾相識的樹，
這棵樹跟我們家鄉的樹很像，
腦海會不知不覺間將兩者重疊，
我們沒有想到自己會記起這棵樹的原因是想念家鄉的那棵樹。
有時，我們的大腦會連結過去的記憶，產生一種強烈的熟悉感，
我們卻渾然不知，所以才產生如前世這種錯亂思想。
佛教有輪迴、遺傳學提到我們承載了祖先的因子，
因而成就了你的今世……
不論你相不相信，很多人都以不同角度，
相信或解釋自己有前世。
中國人信緣起緣滅，
總有因果，
所以中國自古有《三世書》。
為善者有報有不報，
只是遲速有時。
生有時，死亦有時，而物必有循環。
世事沒有必然，只有因緣而產生。
但因緣、因果從來都不是一加一的事，
如果你能說出的，那就並不是因果。
若你真的不信有前世這回事，
也不重要，
只需緊記珍惜今世生命。
若此生有完成不了的事情，
就應重新審視今生的生命，
設法完成想完成的事，
別待死時才後悔！

#前世 #今世 #你 #相信 #否 #regression

<054>

想

你可以靜靜地、慢慢地放鬆自己，並跟隨自己的內心隨意聯想：

你有沒有經歷過一些似曾相識的事？
很多人都提到前世與今世似曾相識。
「很多人說過，他們有時第一次到某個地方，卻覺得那地方很
熟悉，不知道是什麼原因。」
此話是出於文學家韓少功的小說《歸去來》。
這與美洲文學魔幻現實主義 (Magic Realism) 相連。
此處用了超現實的人物、情節和事實，
成一詭譎多變風格，
表現生活中的神秘性。
此話產生了一種神秘、朦朧、疑幻似真的感覺，
而這些情節不僅出現於小說、電影、以至電視劇中，
更出現在人生中，
但人生的荒唐永遠比小說更荒謬，
所以沒有甚麼是不可能的。
法國的一位物理研究人員發現 Déjà vu (Already Seen)，
即中文所說的「既視感」。
「既視感」就是我們所說的「似曾相識」。
這個理論認為：
大腦通常會同步記錄訊息。
然而有時候，可能與海馬迴 (Hippocampus) 有關，
過份的資訊在大腦的傳輸中會出現輕微的延誤、
感覺超負荷 (Sensory Overload) 或信息超載。
海馬迴負責短期記憶、長期記憶，以及空間定位，
在這種情況下，大腦會產生訊息與訊息之間傳遞的時間差，
把前後的訊息解讀成兩個不同的事件。
大腦會「播放」過去的記憶，
使事件或感覺像剛發生一樣。
這個理論解釋了過往的事與現在的事有著極密切的關係。
前世很可能來自於我們的想像，
也很可能是「我們」前世的一些深刻經歷，帶到今世，
但人是不是真的有前世來生呢？
在 2006 年，英國電視五台曾拍攝的紀錄片《這個男孩活過》、
《太陽報》亦曾描述過此事，講述了一個男孩前世今生的故事，

一名男孩能通過記憶展述一個英國人跡罕至的小島巴拉島，並能描述島上一切及他的家人，但他畢生卻從未去過。
世上實在有太多不可思議的事，
甚麼死而復生、鬼神附身、前世今生⋯⋯
我還是相信：
天下之大，無奇不有，
只是我們未遇到。

世事 # 無奇不有 # 人這麼 # 渺小 # 如何猜到 #life

<055>

機率

你可以靜靜地、慢慢地放鬆自己，並跟隨自己的內心隨意聯想：

耶魯大學醫學博士布萊恩·魏斯醫生 (Brian L Weiss, M.D.) 曾
出版《前世今生之回到當下》，
在此書他總括這二十來多年，
他利用前世回溯，
幫助兩千多名病患者，
從嬰兒期、子宮期的回憶回溯到前世。
如你細閱不同有關前世的實錄，
你會發現很多個案的今生與前世所發生的事也互相扣連。
當我想到出生的機率時，
就想起曾經有一位朋友對我說：
「我們原本的相遇就不是巧合，是注定。
出生本來就是數以億計的精子與女性一生大約只排出 400 個卵子下
的爭鬥，
再加上時機與人類 45 億年歷史作機率……」
人與人之間能相識，你我能相遇，
不是一早已緣分天註定嗎？
世界真的有那麼多巧合嗎？
在這時空、在這人生、在這時間，
你看到我所寫的，而你又買了此書，
難道又真的是巧合嗎？
這世界每天也有新書湧現，
你選擇這本書真的是沒有原因？
就這樣，
我覺得今生我能成為這個「我」，
一定也是注定的。
如個世界是一個大教室，
我注定要完成前世的遺憾！
我注定要完成我人生的功課！
若完成不了，
希望下世再來……

世間 # 上 # 真的有 # 太多 # 巧合 #percentage

「一個偉大的靈魂，會強化思想和生命。」
—愛默生

056

潛意識與前世

你可以靜靜地、慢慢地放鬆自己，並跟隨自己的內心隨意聯想：

你有沒有見過有些人明明沒接觸過某些事，
明明沒學習過，卻非常拿手。
世上許多人亦通過催眠，
能流暢地說出另一種語言。
心理學家都相信：「人腦中早就存有高級電路。」
在催眠狀態中，一旦連接了高層潛意識，
便可接駁靈感，直覺，洞見與潛藏內心深處的世界。
這裡有一個譬喻：
你的前世像在一個記憶盒子裡。
在這盒子裡，前世會經過包裝和隱藏。
盒子會承載著內在情感、
過去與現在無限的記憶及無邊無際的創意空間，
一一埋在記憶的深處中。
你在前世中的所見，
或者是包裝在盒內已久的記憶。
你或許也忘了放了什麼進盒子，
那可能是你對過去世界的認知、經過及感悟，
經過歲月的一定洗禮，
你重新再為這些人、事、物及符號，
並重新賦予新的意義；
你或會百思不得其解，
不能打開盒子；
你或會四處搜尋，
苦思冥想，
不知盒子放到了那裡；
又或者盒子根本沒存在過，
一直、一直、一直也是你的錯覺；
又或者什麼也根本沒有發生過，
只是你內心深處一些不易發現的秘密。
若你想打開盒子，你必需要找到它，
而在你又想的情況下把它打開……
不過前題也是：「你相信前世。」

\# 你 \# 覺得 \# 前世 \# 在甚麼 \# 地方 \#box

有關前世的故事：

每個人都在延續自己的前世，帶到現在，
創造將來。

<057>

前世回溯

你可以靜靜地、慢慢地放鬆自己，並跟隨自己的內心隨意聯想：

前世回溯常用於哀傷輔導及催眠。
在前世回溯裡，
有人見到自己是法國培育的殺手，
刺殺他人而活。
她殺人沒多久便遭人尋仇，
殺人被殺，
死亡對她來說是種解脫。
她今生希望可以快樂活下去，
而不是過著互相殘殺的日子，
所以今生愛人如己；
有人見到自己是日本軍官，
他殺人如麻，
但其後開始厭惡了這樣的生活，
所以退隱。
無論怎樣隱世，
在他童年最快樂的地方：
一條童年常去玩耍的河流。
他被人以武士刀刺殺。
而他從前世反思，為自己下了結論：
今世要學懂放開，
不再報復殺害任何人；
有人甚麼也看不到，
只見到自己是一團東西：
沒有形態，
沒有過去，
只是一團氣流。
她在今世學懂要珍惜生活，活出精彩人生。
以上這些都是他們在未接受前世回溯前從沒見過的形象。
他們在前世回溯裡「看」到自己的過去更清楚，
見到前世的所作所為，
所以他們更明白今世還有甚麼可以做得更好。
究竟是夢一場，還是內在潛意識放不下的執著？

#前世 #所作 #所為 #會帶到 #今世 #past

<058>

怕雷

你可以靜靜地、慢慢地放鬆自己，並跟隨自己的內心隨意聯想：

在現實生活中，他很怕雷。
基本上，他在下雨天就會渾身不怎自在。
他會經常頭痛，
連他自己也說不出原因。
若整晚雷電交加，
第二天他必然生病。
他看了很多醫生，吃了很多藥，快要變成瘋子，也說不出原因。
他打從心底就討厭黃色，
但他並沒有找出任何原因。
在前世回溯裡，
他看到很多有關黃色的事物，
黃花、沙、泥、鴨子……
最後他憶述：
在他死前的一刻，
原本他在風和日麗的沙灘上散步，
其後風雨交加、雷聲隆隆……
最後，
他見到頭上有一道雷直轟大腦。
他死了。
反正世界上有這麼多不可思議，
他也只好相信這個原因了！
存在主義者說：「人的恐懼基於太多未知。」
他在前世回溯的體驗裡，
最後也發現自己為甚麼這麼討厭雷。
他知道為何怕雷，
就決定去面對，
不再害怕了！
就算再下雨的日子，
至今他也能安然入睡。
這是他親口告訴我的……

怕雷 # 的 # 人 # 不再怕 # 雷 #thunder

怕魚

你可以靜靜地、慢慢地放鬆自己,並跟隨自己的內心隨意聯想:

有一個人,
他甚麼也吃,
只是不敢吃魚。
只要一接觸有關魚的東西,
他的頸就會很痛,
連呼吸也有點困難。
醫生也找不到原因說明他的頸痛以至呼吸困難的問題。
在他體驗前世回溯時,
他看見自己的前一生都在街市工作,
別人都叫他「賣魚勝」。
「賣魚勝」比庖丁解牛的庖丁手法更純熟,
他總是先往魚鰓一拍,
魚不死,
再一拍……
想到這,
他的頸再一痛,
呼吸也困難了,
他辛苦得醒了,
不敢再看。
庖丁今生也不吃牛嗎?
還是今生也變成了一隻牛?
「賣魚勝」變成了魚,
還是魚變成了「賣魚勝」?
反正他也不敢再看「賣魚勝」,
就讓這個答案變成謎吧!

每個人 # 的過去 # 都會 # 影響 # 現在 #fish

<060>

愛魚

你可以靜靜地、慢慢地放鬆自己，並跟隨自己的內心隨意聯想：

有一個很愛水上活動的人，
他愛游泳，也愛衝浪。
小時候，
他一天會游泳五小時以上，樂此不疲。
長大成人後，他因為工作的忙碌，
忘記了小時候游泳是多麼的快樂！
在前世回溯裡，他很快便醒來了，催眠師以為失敗了！
他告訴催眠師：
當催眠師在前世回溯裡帶他回到過去的時候，
一提到他身邊有甚麼人、事、物出現，
他就完全聽不懂催眠師的話，所以醒了！
催眠師好奇問他看到甚麼？
他告訴催眠師，
他一生四周都離不開水，無拘無束。
他只見到眼前出現了一群魚，
有一個像精靈般的不知名生物，
與他一直游、一直游、一直游，
游到大海深處，
喜歡到那裡就那裡。
其他魚說著不知名的話，
他也聽到了，
其他魚好像也懂得他的說話！
他只是聽不懂人話，所以聽不懂我的話，最後在猜疑下醒了。
這是一個很奇妙的前世回溯例子。
有人喜歡魚，有人不喜歡魚；
有人喜歡自由，有人喜歡局促於天地間。
天地有大美而不言，
說便不然，只能心領神會。
正正因為這樣，
這個地球才有不同的人類。

如魚般 # 的自由 # 也不錯 # 人類也要 # 自由 #freedom

催眠之父 Dave Elman 曾說：「催眠是超越本能批評。」
如果太多意識的批評，你便無法感受到催眠的樂趣。

軍人故事

你可以靜靜地、慢慢地放鬆自己，並跟隨自己的內心隨意聯想：

曾聽過一個真人真事，
不知故事屬實還是渲染，但都值得探討。
一個人在前世回溯時，
看到自己是一位軍人。
他畢生做過一件很後悔的事，
一直不敢忘記，
甚至帶到今生。
他騎著馬，
在追殺一個跟他有血海深仇的村民。
那村民的家人在苦苦哀求，
他毫不猶豫，
手起刀落，
殺了村民。
故事說到這裡，
好像很荒謬，
但他能具體指出當時的環境、人物、事件、情況。
在前世中，他一直耿耿於懷，
未能釋懷，
而他那一世就如此渡過。
故事並沒完結，
你可能會問：「為甚麼要追殺他？發生了甚麼事？
故事的前因後果是怎樣？」
當然催眠師都會追問這些問題，
但當中需要花很多時間，
讓被催者培養足夠情緒，
再進而探討。
在你人生中，
有沒有一些奇異的經歷，
或奇異的畫面曾在你的腦海出現？

前世 # 今生 # 總有 # 屬於自己的 # 線索 #clue

<062>

續・軍人故事

你可以靜靜地、慢慢地放鬆自己，並跟隨自己的內心隨意聯想：

不論你相信與否，
所有事都有前因後果。
催眠師在前世催眠時，
會嘗試去找出被催者到過的地方以及各式各樣的線索。
前述一個人在前世催眠時，
勾勒出自己的前世做了一件自己也很後悔的事，
甚至數世後，
至今世他也能記得。
為什麼當時人不是所有畫面也記得，
只是依稀記得某些影像？
因為這些影像對他來說都特別深刻，
讓他畢生記得。
就好像一首旋律優美的樂曲，
不斷在你腦海盤旋出現。
讓我再多說一點他的故事：
在他的前世，
有很多零碎的片段及線索湧現，
出現人物包括：
他的家人、村民、村民的家人、一個小女孩的屍體
（小女孩是軍人的女兒）、一些不相干的人⋯⋯
出現的地方包括：河流、村落、平原、家⋯⋯
出現的關鍵物品包括：軍刀、馬⋯⋯
曾聽過一句這樣的話：
「造物者創造人是因為祂愛故事。」
你能將這些線索串連一個故事嗎？

所有的 # 故事 # 總有 # 前因 # 後果 #stories

<063>

繼續．未了緣

你可以靜靜地、慢慢地放鬆自己，並跟隨自己的內心隨意聯想：

人生每一件人與人之間發生的事、重要的物件、線索都會串連，
而演變成今天的我們。
不論是前世、今世、下世，
都會一直影響。
嘗試把前篇的線索串連一起，
大概會有很多不同聯想，
有千萬個可行性。
故事的主人翁演繹了其一個可能性。
那個軍人在執行一項任務時，
奉命追殺某村民。
那村民不甘被威脅，
擄走了那軍人的女兒。
女兒慘被捲入這場事不關己的漩渦之中，
不慎在河邊遇害，
以致最後就算村民苦苦哀求，
軍人也毫不猶豫在村民的家人面前殺了他。
這就像在看一場電影，
到這裡你依然可以有著自己的宗教信仰、
自己一直所堅信的信念，
否定一切有關前世今生的事。
是哪位被催者的想像太奇異，
還是一些腦海裡殘餘的故事景象？
我也不敢妄下結論。
還是那句：只要你信便存在。
我相信前世回溯並沒有很多人相信，
但請問甚麼叫真實？
你可以先放下所有固有的概念，
甚麼是真？甚麼是假？不重要。
先相信，嘗試了，覺得對再加以相信，
錯便不信。

前世今生 # 的線索 # 總 # 帶給我們 # 一些啟示 #inspiration

第三章．有關前世今生

<064>

比卡超

你可以靜靜地、慢慢地放鬆自己，並跟隨自己的內心隨意聯想：

有一些前世催眠的例子不合常理。
乍看之下，
卻比一切也合理。
有一個人很愛笑，
也很童真，
她總愛把歡樂帶給他人。
在前世回溯裡，
她看見自己是比卡超。
催眠師笑了！
她說這是是千真萬確！
催眠師反問她信不信？
她說自己當然不是比卡超。
她自己解釋她偏好黃色，
也愛看比卡超的卡通，
前世見過它也不足為奇。
前世在她如何演繹下，
便是甚麼。
反正在她的信念裡，
她信了！
催眠師知道她是快樂的！
在前世催眠裡，
固然大部份人也會見到自己的前世，
但有一部份人也流於自己的想像中，
見到現實絕不可能發生的事。
不論如何，
我相信這也是內心的寫照。
我所相信的是：
最重要還是這些新的想法、新的衝擊讓你有所得著、有所反思。

一個 # 有 # 童真 # 的人 # 不好嗎 #pikachu

5

前世的總結

你可以靜靜地、慢慢地放鬆自己，並跟隨自己的內心隨意聯想：

佛家輪迴甚至一些道教學說也認為：
輪迴是人死後，
「識」會離開人體，再成為新生命體的一個過程，
而人會將未完成的事會帶到下世。
就正如那位軍人一樣，
他帶著負面的情緒過著一生，
而一生也就這樣渡過。
他因為女兒的死，一生不能面對自己，
以為是自己一手害死女兒，難以釋懷。
他一生也對其他的子女與老婆十分冷漠，亦把憾終生。
他一直不能解脫，
所以不斷徘徊在人世，
繼續以下一世的形式去完成未完成的事。
生生世世遊蕩在人間，尋覓補償遺憾的機會。
聖空法師有法語論輪迴：
「為什麼會有六道輪迴？就是因為我們六根不清淨。
六根要是清淨就稱為六種解脫、六種神通、六種智慧；
如果我們六根不清淨，
就會隨着我們的習氣轉到別的道去；
六根不清淨，
生死就沒辦法解決，
就沒辦法脫離六道，
我們臨終的時候，
隨着我們最堅固執着的那一項就去流轉了。」
如果你一直有未完成的事，
這些問題、這些事會不斷困擾你，
直至你能解決及面對所有問題。
這些問題有點像玩電子遊戲一樣，
你必須要克服前面的關口，後面的關口才可解破。
如果你把人的一生當作玩一場電子遊戲，
那麼你應努力去克服屬於自己的關口。

#真實 #永遠 #假 #不了 #不信也可 #belief

我一直在找輪迴的真理，其實我一直也在輪迴之中。

有關前世的真偽：

「假作真時真亦假；無為有處有還無。」
　── 語出《紅樓夢》賈寶玉夢遊太虛幻境

<066>

鬼神

你可以靜靜地、慢慢地放鬆自己，並跟隨自己的內心隨意聯想：

「我想問你相不相信 /
這個世界上有一個看不見的空間 / 在你眼前
四面八方把你包圍 /
但又不會讓你摸得清楚它的立場 / 不停改變」
—<陶喆—鬼>
這個世界有沒有鬼？
這個世界有沒有一個你看不到的空間？
對於未能解釋的事，
我們都稱之為怪力亂神，
未知生，焉知死？
孔子也從未否定鬼神存在，
他只是對鬼神存而不論。
接觸催眠的人，
在催眠的六級深度狀態都會見到自己的前世，
甚至前幾世。
這些都很夢幻的事，
也是很形而上的事，
但不代表這些空間不存在，
只是我們至今的科學未能完成解釋的事。
我不抗拒接觸新的事物，
我深信新的思維能讓我有新的看法。
有或沒有，
在自己主觀的心，
不需有答案。
世上有那麼多科學也不能解釋的事，
何不把開放態度，
敬而遠之，
直至一天人類能找到答案。
我總相信世界上有無限的可能性。

#世界 #有 #看不見 #的 #空間 #ghost

<067>

回溯

你可以靜靜地、慢慢地放鬆自己，並跟隨自己的內心隨意聯想：

進行前世回溯有很多不同方法。
前世回溯常以心理分析法或時間回溯作介入，
通過催眠揭示潛意識的內在提示，
加以演繹，
從中推敲前世今生。
催眠師會把被催者帶到一個博物館、
一個華麗大廳或一個偌大的空間，
那裡或者會有不同的樓梯、不同上了鎖的房間、不同的雕塑、
不同的壁畫，
被催者通常會見到一些白光或者會見到一條時光隧道……
每個人的過去都隱藏了一些「秘密」，
而這些「秘密」一直潛藏在被催者極深處的內心，
不容易被發現，
所以我們才要進行前世回溯，
找出屬於自己的「密碼」，屬於自己今生需要處理的人生議題。
電影《催眠大師》有一句這樣的對白：
「我們都是自己的催眠大師，在愛與被愛中自我救贖。」
在催眠中，
透過了解自己的「前世」，
被催者會學習更深入認識自己，
也會認識身邊相關的人。
很多人的重點放在神化、迷信，
甚少放在認識自己內心。
前世可以很多角度看，
當中你可以用宗教、科學、神化、靈性、自我了解、
深層潛意識……
用不同角度，你會得出不同結果。
在我的角度來看，
得出了一個結果：
療癒當下的自己。
或者不需用前世催眠的方法，
你也可療癒自己。

#過去#都#只#是#過去#past

<068>
前世今生與證實

你可以靜靜地、慢慢地放鬆自己，並跟隨自己的內心隨意聯想：

至今，
科學家對探討前世今生的真實性仍在進行。
當中無不對圍繞數個方向：
如電波、細胞的記憶、量子、遺傳物質……
在二零一三年的一個美國實驗中，
科學家嘗試從記憶遺傳學出發。
他們先給小鼠聞某種氣味（苯乙酮），
後施以電擊，
讓它們的記憶加以習慣。
研究發現，
小鼠腦區和神經細胞的確也對此氣味敏感，甚至有隔代遺傳。
前世今生可視為種族進化過程中遺傳下來的產物，
這亦解釋了前世今生其中一環在祖先的遺傳中。
此外，
海倫．文拜博士（Dr. Helen Wambach）曾做有關前世研究，
她以一千多件回歸前世的資料為基礎，
從統計數據上證明在催眠狀態下，
受助者所回憶的前世記憶精確地反映真實史實況。
這些都為前世回溯的一些研究和例子。
如果真的有前世今生，
有相關的人，
進入相關的前世，
我們的信念便可生生世世得以延續。
靈魂不斷進步、改變、成長，
而我們亦可以另一方式永存於世。
這可視為另一種永生？

所有 # 的 # 東西 # 也沒有 # 答案 #assumption

<069>

有關前世今生的科學性

你可以靜靜地、慢慢地放鬆自己，並跟隨自己的內心隨意聯想：

從現代到數千年前的古埃及，再到藏傳佛教體系，
不同的宗教在古時或不發達，但他們都有一個共同點，
就是都相信前世今世。
這世上沒有完全對的事。
我們不能證實「前世今生」是否存在，
但它未必不存在。
後現代主義便教了我們世界沒對錯，只有懷疑與無限可能，
才有無盡的答案與創新。
科學就算多完滿，時間總會告訴你，
世界所有的事，總有一天會變。
以前人們說地球是方的，
現在人們說地球是橢圓的。
舊的理論被新的理論推翻，一代新人永遠送舊人。
這是常事，也是必然。
不用證實有沒有未來，
時間會過去，歷史會評價。
我們不需執著對錯、是非，
是錯的總有人平反。
據信息永恆理論來說，人類的記憶是量子糾纏的結果。
全宇宙所有的信息都有反射面，
它會反射在宇宙邊境的另一個二維鏡上，
肉體的消失，並不等於永恆的消失。
人因為存在過，無論量子有多麼微弱，還是永恆存在，
所以在宇宙的另一邊境也有二維鏡的印記。
而這堆量子有可能因為某些原因而進入某人的腦中，
就像一個人的電話打開了 WIFI，而剛巧接上了相應的頻道，
而所謂的前世也就出現了。
我們肉眼永遠無法看得見滿佈四周的微生物，
正如我們也沒法看見我們自己內心有沒有前世，
但它存在嗎？

所有 # 的 # 東西 # 也沒有 # 答案 #assumption

催眠師的筆記

<070>

有關前世今生的宗教角度

你可以靜靜地、慢慢地放鬆自己，並跟隨自己的內心隨意聯想：

傳統佛教有十二因緣。
過去的因由帶來困惑，
成了無明。
我們的心不了解世間無常苦，
而生也讓我們老死，
我們不能放下的執念令人生死輪迴 *。
人有征服不完的寂寞，
自以為世間美好，
因而心生執念，
落入輪迴之中，
停留在世間等待下一次輪迴。
我相信不論以甚麼角度去看待前世，
只要導人向善，
我們也不妨一信。
始終人生在世，
好人永遠討人喜愛！
如果這個世界真的有輪迴，
人種善因，
而得善果，
也未嘗不是另一種的盼望。
若今生不能買樓 *，
留待下生再完成這項艱難的功課！

人生 # 就是 # 一場 # 永不完的 # 功課 #endless

* 輪迴（梵語：संसार）認為生命會以不同的面貌和形式不斷重覆經碖出生、死亡。

* 在國外，買樓對於很多人來說都是很普遍，但在 2018 國際調查機構 Demographia 發表題為《14th Annual Demographia International Housing Affordability Survey》，香港是連續八年成為全球最難負擔城市。普遍家庭需要 19 年才可買到一層樓。

「誰能以深刻的內容充實每個瞬間，誰就是在無限地延長自己的生命。」
—庫爾茨

<071>
有關前世今生的靈性角度

你可以靜靜地、慢慢地放鬆自己，並跟隨自己的內心隨意聯想：

若從量子物理學（Quantum physics）角度出發，
死亡只是人類意識造成的幻象。
美國北卡羅萊納州維克森林醫學院大學教授蘭薩（Robert Lanza）
表示：
「死亡只是人類意識造成的幻象。」
人在心跳、血液停止時，物質元素會處於停頓狀態，
但人的意識仍在流動。
除肉體活動外，還有其他超越肉身的「量子訊息」，
這就是我們所俗稱的「靈魂」。
受新紀元思想的衝擊下，
超自然法應運而生，
而高我、高靈、靈魂、神靈等詞皆不陌生。
超自然法圍繞的是人生該學習的議題，
假設靈魂、萬物本為同一本源，
靈魂通過不斷學習，
靈魂會累積不同經驗，
靈魂理應會昇華至另一境界，
進而有靈性上的進升。
這點其實不難理解，
情形就如：
職場上的升遷，
領袖總能者居之。
我相信人不用處處強求提升，
能做得多少便多少。
反正有沒有上天審判，
我們也要向自己交代。
你不信靈性上的前世今生也無所謂，
若你能自己找到領悟人生的方法，
尋找成長的動力，
便該去嘗試。
畢竟每個人也只能活一次……

#每個人 #也 #要 #向自己 #交代 #spiritual

有關前世的展望：

前世是一種對未來的盼望……

<072>

河水

你可以靜靜地、慢慢地放鬆自己，並跟隨自己的內心隨意聯想：

中國思想家張聞天曾說：
「生命如流水，只有在它的急流與奔向前去的時候，才美麗，才有意義。」
河水不斷流動，
才孕育出生命。
因為河水的堅持，
才有未來，
生生不息。
每個人都是濺起的浪花，
一瞬躍上水面，
又一瞬在水底消失，
永無止境，
永不消失。
浪濤並沒為誰而息，
而它們也不知為何躍上水面一下，
下一刻就死亡，
再以不同形態示人。
波浪並沒有固定形態，
但它們永恆流動著。
人一出世是死亡的倒數，
但人總會活下去，
因為他們深信只有川流不息，
刻苦經營，
才會不斷有下一代，
如河水永恆向前推進。

永恆 # 向前 # 便是 # 前世的 # 未來 #flow

"All our dreams can come true, if we have the courage to pursue them."
「只要我們有勇氣去追尋自己的夢想，每一個夢也可以實現。」
—— 華特・迪士尼 (Walt Disney)

未來的價值

你可以靜靜地、慢慢地放鬆自己，並跟隨自己的內心隨意聯想：

早在一百多年前，
1909 年，傑弗里・泰勒爵士已設計並且完成了一個很精緻的雙縫實驗；
澳洲國立大學研究團隊重新解釋了著名的雙縫實驗 (Double-slit Experiment)，
他們重新進行激光實驗，
進一步論證人也是由次原子粒子組成的，
過去的粒子會根據它們在未來的測量和觀察而作出改變，
在被測量之前，
它們的「現實」保持著彈性，隨時而變，
由此推論出未來發生的事可能會影響過去。
哲人說：
「你如何的演繹，便創造甚麼世界。」
或者有人從來沒想過未來，
總覺得未來都是這樣遙不可及，
所以沒有想太多未來，
也從不相信前世今生。
很多時，未來雖然並不可控制，
但你做不到的事，
不代表新生世代不可把你的理想延續。
你做不到的事，
不代表你的子孫做不到；
你的子孫做不到的事，
你的子子孫也會做得到。
凡事不一定要做得到，才叫有未來，
你總有因子會遺傳到未來，而你永不白過。
你有甚麼做不到的夢想，
可能花一世也做不到的夢想，
現在也請你想想。
如果你在死前做到了就最好，

如果你做不到就寄予後代，
這樣愚公移山的精神比甚麼也不做來得積極。
如果你相信「前世今生」，
你的今生也只不過是延續著你的過去，
所以你也可以把你未完成的事，
帶給你的後代。
你總有方式在這世界活下去。
從信息的角度來講，
我們的宇宙其實是一張全息圖畫，由單一的粒子所組成，
所以宇宙總永遠地有我們組成的部份。
英國詩人布萊克的詩句說：
「一沙一世界；一花一天堂；將無垠握在掌中；
見永恆於一剎那。」
一粒沙能看整個世界，一朵花或許就是整個宇宙，
無限盡在眼中，一剎可以永恆。

人生 # 都在 # 完成 # 未完成的 # 議題 #issue

催眠師的筆記

<074>

一至九

你可以靜靜地、慢慢地放鬆自己，並跟隨自己的內心隨意聯想：

魯迅先生曾言：「生命的路是進步的，總是沿著無限的精神三角形的斜面向上走，什麼都阻止它不得。」
慢慢地，由一慢慢數到九，然後一切從新。
一，
單細胞成精變人；
二，
嬰兒的哭聲，
兩手爬爬變成幼兒；
三，
幼兒漸漸被人稱呼小朋友；
四，
小朋友在練字時，
長大成青年；
五，
青年談了數場的戀愛，
修成正果，變了成人；
六，
成人結了婚，吃著家常便飯，
肚子也長大了，變了中年人；
七，
中年人為了照顧小孩，
在無情的歲月下漸漸變了老人；
八，
老人慢慢走進了墳墓。
九，
我們的生命又是如何？
人最多百歲便是一個人永恆。仇人，愛人一百年後又怎樣？
我是誰，根本不重要；你是誰，也都不重要。
因為死去各不相欠，一切成空，無所遁形。
一語道破：「努力現在，珍惜眼前人，
因為下一輩子不知能否相遇！」

一切 # 過眼雲煙 # 關鍵在 # 自己 # 開心 #nvm

<075>

前世今生的展望

你可以靜靜地、慢慢地放鬆自己，並跟隨自己的內心隨意聯想：

今生的問題一直未能解決，通常源於前世。在《首楞嚴經》便
提到「十習因六交報」，即地獄、餓鬼、畜生、人、仙、天人、
阿修羅的因果循環。
在前世催眠的體驗裡，
催眠師會把你帶到前世，回顧你上一生做了甚麼。
他會帶你走到似曾相識的樓梯、
他會帶你走到一條時光隧道、
他會帶你進入一間熟識的房子、
他會帶你回到一個又一個好像見過又好像沒有見過的景象，
讓你去看一看自己，
去回顧你的一生。
年幼的你在做甚麼？
年青的你在做甚麼？
年老的你還有甚麼顧慮？
可能你很早便死了，
沒有答案；
也可能你兒孫滿堂，
幸福快樂地死去；
真正的結局無人得知。
或者到了最後，
可能你只是在與內心的自己在進行對話，
但你也可從中認識自己；
世間有一萬個可能性，
才有一萬種生活，
一萬種不同的人……
你想懷緬過去的過去，還是活在現在的現在？
我相信每人只要肯努力，
也會找到一條屬於「自己回家的路」。
這條路不一定通往前世，這條路卻是通往未來。

#人 #不多不少 #也要 #帶著 #盼望 #hope

未來是不是種展望，留待時間證明……

第四章 · 有關未來

未來不一定在未來，未來是一種洞見。在此讓你先了解我對未來的觀念，由小孩到成人，我們也在經歷著未來，若能做好現在，不是未來嗎？用若干的時間加上心去感受，堅持就有未來……

有關時間：

1. 未來，往往敵不過時間洗禮，終成過去……
2. 由童真，變得入世，由入世變得出世，到最後麻木了，又想重新出生，找回童真……

童心

你可以靜靜地、慢慢地放鬆自己，並跟隨自己的內心隨意聯想：

童心永遠最真實。
童心者：「夫童心者，真心也。」《李贄·童心說》
小孩見到自己喜愛的東西，
會不其然去拿。
大人會說這是偷，
但在小孩的世界，
真的有偷這概念嗎？
或者他們有，
但這是大人賦予的道德標準嗎？
小朋友永遠保持著率真、
好奇的心，
坦蕩蕩又大無畏地闖世界。
因有過度的人為灌輸，
便這純潔的心變得複雜，
也在無止境的掙扎過程，
變成社會想塑造的人。
其實我們要向小孩學習，
保持那份童心，
去認知這個世界。
不是說人要去作奸犯科，
而是當迷失時，
想想最初的情懷。
我們應保存那份求真、
那份好奇、那份純真、那份幹勁去認識他人去認識世界，
進而認識自己。
用甚麼眼光看世界，
這個世界便存在著你的心，
而世界便盡在其中。
有時候，
當我失落時，我也會把自己想像為一個小朋友，
重新用率真的心再一次看世界。

世界 # 那麼多衝擊 # 有多少人 # 能保持 # 童心 #Childishness

第四章·有關未來的新意

<077>

仍然念掛

你可以靜靜地、慢慢地放鬆自己，並跟隨自己的內心隨意聯想：

仍然念掛甚麼也不用做，
哭了就有人餵食；
仍然念掛小時候的我，
以為世上所有人都很善良；
仍然念掛小學時，
在地上劃界，
與同學玩不准過界的遊戲；
仍然念掛中學時總有幾個暗戀對象，
見到會臉紅；
仍然念掛大學時，
身處在一個混色的大染缸；
仍然念掛昨天的我，
因為今天我又長大了……
回憶彷彿有很多。
很多事值得念掛，
又好像甚麼也沒有，
人好像還沒長大就老去。
念掛的實在太多，
或者多到我們已經沒有時間去念掛。
不過，
如果我有時間，
我也會閉上眼睛，
再一次回到那些快樂的時光，
再一次重新得到能量，
再一次感謝過去的自己，
成就今天的自己。
你怎樣回憶往事呢？

#仍然 #念掛 #念頭 #想念 #想起 #miss

漸

你可以靜靜地、慢慢地放鬆自己，並跟隨自己的內心隨意聯想：

很多事在不知不覺間改變，只是你蒙在其中，並不知道，
或者根本沒有想過變幻在剎那。
「使人生圓滑進行的微妙的要素，莫如「漸」；
造物主騙人的手段，也莫如「漸」。」（豐子愷語）
朋友一開始沒有互相背叛的念頭；
情侶一開始沒有第三者、沒有分開、更沒有互不相見的念頭；
殺人犯一出世就會想殺人嗎？
一念影響一動，一步一腳印。
變幻原是永恆存在，經千年、歷萬劫。
所有事在不知不覺間改變，
且如〈漸〉：
「在不知不覺之中，
天真爛漫的孩子「漸漸」變成野心勃勃的青年；
慷慨豪俠的青年「漸漸」變成冷酷的成人；
血氣旺盛的成人「漸漸」變成頑固的老頭子。
因為其變更是漸進的，
一年一年地、
一月一月地、
一日一日地、
一時一時地、
一分一分地、
一秒一秒地漸進，
猶如從斜度極緩的長遠的山坡上走下來，
使人不察其遞降的痕跡，
不見其各階段的境界，
而似乎覺得常在同樣的地位，恆久不變，
又無時不有生的意趣與價值，
於是人生就被確實肯定，
而圓滑進行了。」
只要你閉上眼想一想，一切都在變。
我只想在我們變的時候，
在剎那間轉變時告訴自己要永不忘初衷。
共勉之。

#誰又 #經得起 #一切 #的 #漸 #gradually

<079>

水彩色

你可以靜靜地、慢慢地放鬆自己，並跟隨自己的內心隨意聯想：

水彩的顏色可以讓人看不見未來。
原本以為是灰的，
不算是灰，
因為有更灰，
灰的又有更深，
深得連肉眼也不能分辨，
而人漸漸命名它為黑。
小時候，
總愛玩水彩，
把水彩的紅色、綠色、藍色……
我把水彩胡亂混和後，
最後顏色愈調愈深，
也分不清是甚麼顏色。
由紫紅色變成了深褐色，
由深褐色變成了深灰色，
到最後是認不出的黑色。
這世界也好像變得愈塗愈黑，
然而還有比黑更黑的顏色嗎？
我在想：
如果人生是一張如雪的白紙，
全由人生之筆去任意描繪，
胡亂調和者，
白紙上只能塗上比黑更黑的墨跡；
認真書寫者，
白紙上才會畫下美麗的圖畫，
留下一篇優美的文章。
你願意用自己專屬的水彩去繪畫人生？

#你 #總有 #顏色 #讓人 #著迷 #color

<080>

時間

你可以靜靜地、慢慢地放鬆自己，並跟隨自己的內心隨意聯想：

時間才是真正的掘墓人。
一秒有幾多，
可以告訴我嗎？
永恆不變又是甚麼概念？
永恆、剎那、
剎那、永恆……
一瞬即逝！
時間留下甚麼呢？
小草無聲無息消失、
鮮花不知不覺枯萎、
樹木不甘寂寞老去；
你死我活，
血海深仇，
總有一個先死去；
甜蜜的愛人能夠信守多少個山盟海誓？
一生一世的愛情，
始終有一個先離開世上；
歲月消磨了年華，
年華步向了老去；
時間讓你認識：
真正的朋友、
真正的愛人、
真正的敵人。
時間讓你看見：
甚麼是堅持、
甚麼值得放棄、
甚麼值得信賴、
甚麼不值一提、
甚麼仍然屹立不倒、
甚麼是不堪一擊……
每一個人也可以用最短的生命，走一條最長的精彩人生道路。

每天 # 自己 # 珍惜自己 # 珍惜眼前 # 真理是真 #treasure

漸漸地，我長大了……

第四章・有關未來的創意

<081>

過去，現在，將來已發生

你可以靜靜地、慢慢地放鬆自己，並跟隨自己的內心隨意聯想：

時間不會等人的。
曾聽過物理學家說：
「過去、現在、將來是同一時間發生。」
哥倫比亞大學物理學和數學教授、理論物理學家布賴恩·格林
(Brian Greene) 亦曾做過一個題為：
「時間的錯覺：過去、現在和未來共存」的演講，
形象地說出人類對時間的誤解。
演講說：整個宇宙就像是一大塊麵包。
每個獨立的時間點其實是麵包裡的一塊塊麵包切片那樣同時存
在著。
過去並沒有消失，現在還是現在，未來一早已存在於某個地方。
宇宙的整體是一個全息的時空立體信息結構 (Hologram)。
時間、空間中存在的不同信息，在宇宙中是共存的。
這即是說過去、現在、將來的事已經發生，
而一切只是我們在同一點經歷。
一對情侶從相知、相遇、相識便早已命中注定。
甚至分手、能否同偕到老，冥冥或者自有安排。
那麼人為了甚麼而活著？
常說：
「相由心生，境由心造。」
你的外貌由你的心境而生。
這不是天生的，
而你的心可隨時令外貌改變。
你的心境如何想，
而世界就會變成如何。
人生很多事，會有不同的結果，
這些結果可能早已注定，
又或者命運可以改變。
不論如何，你還是要盡人事而安天命。
好的心態，可使你活得快樂！
檢討過去、珍惜現在、放眼將來，
讓自己創造屬於自己的未來！

未來 # 不等人 # 有時候 # 值得 # 努力 #effort

甜蜜的復仇

你可以靜靜地、慢慢地放鬆自己，並跟隨自己的內心隨意聯想：

失戀後，
我常常在想我可以如何復仇，
好讓自己過得好一點，
最後我想到了：
把你的影子加點鹽 / 醃起來 / 風乾 / 老的時候 / 下酒
想必酒愈久愈醇。（夏宇〈甜蜜的復仇〉）
我不敢去想你的影子是甚麼味道。
這酒大概已充滿黴菌！
我不敢喝，
也沒說甚麼，
只是靜靜欣賞它。
我沒有期待，
因為期待讓我等待，
我想隨時把酒摔破，
可是我沒有勇氣……
再加點鹽、再加點甜、再加點酸、再加點辣、
再加一點果汁、白酒、紅酒、燒酒、可樂又會是甚麼味道？
我只敢想，
不敢做。
可是想已令我恐懼！
如果風乾是必須，
我就去等待。
傷口風乾了、
不痛了，
或者不用等到老，
隨時也可親手割破。

把你的 # 影子 # 風乾 # 有用 # 嗎 #shadow

長大了，也不要忘記生活，而非為生存……

<083>

在那盒子裡

你可以靜靜地、慢慢地放鬆自己，並跟隨自己的內心隨意聯想：

當我閉上眼後，
我見到一個盒子。
我稱它為盒子，
一個封死了的盒子，
又如同一個密閉的空間。
我向左望是一面牆，
同右望是一面牆，
抬頭、垂頭是各一面牆，
前望、後望都是各一面牆。
不知身邊那人有沒有與我同一種感覺？
我打從心底裡希望他也是這樣覺得，
我當然不敢問……
我怕他不認同我！
怕他笑我……
我最受不了那種看不起人的笑容！
但最怕的，
是他知道如何離開盒子，卻不離開！
而我一直想知道，
可愈想知道，
愈是不被告知。
忘了是誰把我放進盒子裡，
或許是我自願走進來。
我不確定我是否還有選擇權？
如果有，
我可以選擇離開嗎？
我可以站起來就離開嗎？
我是被選中要留在盒子裡，
還是我自己選擇留在盒子裡呢？

#鎖在 #盒子 #是 #辦公室 #同事 #office

<084>

又是忙

你可以靜靜地、慢慢地放鬆自己，並跟隨自己的內心隨意聯想：

朱自清的《荷塘月色》難免讓人唏噓：
「路上只我一個人，背着手踱着。
這一片天地好像是我的；
我也像超出了平常的自己，
到了另一個世界裡。
我愛熱鬧，也愛冷靜；
愛群居，也愛獨處。
像今晚上，
一個人在這蒼茫的月下，
甚麼都可以想，
甚麼都可以不想，
便覺是自由的人。
白天裡一定要做的事，
一定要說的話，
現在都可不理。」
前人的煩瑣可以因自己漫步月下得以消除，
但我們毫不寂寞！
生活五光十色，
或者我們連月亮也忘記了，
而煩惱也未必能消除！
如果白天要做的事到晚上可以不理，
或者根本不可能。
如果我們一星期就只有一次，
甚麼也不要想、甚麼也不要做、甚麼也不要理，
就只陪陪家人去玩玩、聊聊、共聚，
會否忘記著哪一點點發生在很多人身上的「忙」呢？
忙甚麼？
忙著賺錢、忙著勾心鬥角、到最後忙到死……

#忙#死#還有#忙著#甚麼#好#busy

「為了解人生有多麼短暫，一個人必須走過漫長的生活道路。」
——叔本華

第四章·有關未來的引言

<085>

希望

你可以靜靜地、慢慢地放鬆自己，並跟隨自己的內心隨意聯想：

卡耐基說：
「笑是人類的特權。」
沒有人可以阻止你在逆境裡笑，
你可隨心隨意地笑！
今天你經歷的絕望，
可化作明天的希望。
昨天有多少不愉快的事也過去了！
每一天也是新的，
每一天你也可重新來過！
人要忘記過去，
活在當下，
創造未來，
方能成為浴火重生的鳳凰。
你可以每天起床想一想：
新一天不知你有甚麼願望，
有甚麼事還未做呢？
可以在今天完成嗎？
如果不能，
可不可以不要只想著過去？
想法影響行為，
而過去的只是過去。
你大可放眼未來，
記著新的一天，
有新的人、
有新的事會因你吸引而來，
這些都是你現在都預計不到。
離離合合、
散散聚聚，
還望我們能繼續繼續用著我們笑的特權，
請笑看每一天！

#希望 #能 #掩蓋 #絕望 #只要信 #hope

有關心：

心如何想，未來就是怎樣……

<086>
淺談心學

你可以靜靜地、慢慢地放鬆自己，並跟隨自己的內心隨意聯想：

世界上一切事物、
整個宇宙中的一切都是從極大到極小的原子互融互拒。
世事萬物「一切唯心造」。
明心學家王陽明曾言：「心物無理、心外無物」，
意思是指所有定律皆由「心」而發。
事實上很多事都是由「心」而造，
如果脫離了心，
萬物皆不能見。
自古有句話：
「開眼見明，閉眼見暗，見性常在。」
王陽明於《陽明全書》中道：
「目無體，以萬物之色為體。」
此兩話相近，
這是指我們的眼睛實無本體，
只是我們自己感應而來。
我們開眼即見光，
閉眼即見暗，
而世間萬物皆存在主觀的心。
萬物只要你想見，
它就存在於「心」，
此包括你想見的人、想做的事。
如果一切脫離了你的心，
一切存在都不存在。
你有嘗試用心去感應你想感應的世界嗎？
「萬物皆備於我，不假外求。」
一花一世界，
一葉一如來，
一笑一塵緣，
緣起無盡，
盡在己心。

＃想見＃甚麼＃就＃想＃吧 #equilibrium

<087>

風動

你可以靜靜地、慢慢地放鬆自己，並跟隨自己的內心隨意聯想：

有一個風箏掛在屋上，
風吹來了……
有人看見是風動；
有人看見是風箏動；
慧能說：
「風動，
風箏動，
其實心動。」
你的心不動，
何以感覺風在動？
你的心不動，
風箏不會被你描述為動。
風動？人動？還是心動？
抑或其他事物在動？
可能甚麼也在動，
或者甚麼也根本沒有動……
風又起了，
你覺得甚麼在動？
如果你相信整個世界都是由信息 (information) 組成，
一切皆為幻象，
只在乎你的心境。
那麼你根本不需看風箏，
你的心也自然會動。

#心#一直#在動#在乎#自己#move

<088>

生活的藝術家

你可以靜靜地、慢慢地放鬆自己，並跟隨自己的內心隨意聯想：

你喜歡武術嗎？
就算你不喜歡，
也曾聽過李小龍。
「每天，我也努力地實現自我，做一位生活的藝術家。」
這句是李小龍說過的一句翻譯，
原句為：
"I am actualizing myself daily to be an artist of life."
自我實現（self-actualization）並不容易。
人很易有很多理想，
但更易放棄理想。
他貫徹始終做到了自我實現。
生活藝術不一定是藝術，
這世上到處都是藝術。
真實的表演自我，
英文是："truely express yourself"，
這是一種人皆容易遺忘了的處世藝術。
生活是一種藝術，
而生活藝術是一種哲學。
不要忘記生活，
非僅為生存。
只為生存，
談何藝術？
想像一下，
你是水，
你會流到去每一個地方；
你可以變成冰、
你可以變成霧、
你可以變成熱水⋯⋯
你可以變成你想變成的。
人可否更隨心所欲，
表達自我？

歷久 # 的哲學 # 永不 # 磨滅 # 的英雄 #BruceLee

9

<089>

續生活藝術與武術

你可以靜靜地、慢慢地放鬆自己，並跟隨自己的內心隨意聯想：

李小龍的其中一句名句是：
"To be a martial artist also means to be an artist of life."
「要成為武術家，也就是說要成為生活的藝術家。」
我認為這並非只是指武術上，做人如是。
此話能應用於生活每一部分。
或者你會認為此話很理想化，
生活何以是藝術？
可是這世上不是每處也是藝術嗎？
言語是藝術嗎？
言語是在實踐生活嗎？
處世呢？
處世是藝術嗎？
不只是武術，
生活每一部分都是藝術，
它能成為你人生每一部分，
更重要的是由頭到尾的應用。
在李小龍失意之時，
人生猶如坐過山車。
他是天才童星，
到美國的生活並不如意，
如同走過一個又一個高山低谷般。
在拍青峰俠後，片酬更是微薄。
你可以向他學習，
藉以催眠自己。
那時他寫了封信給自己，
自言他有一天會成為全美最高片酬的華人。
自信是他的動力，
他實踐於生活，非空說不做，
這就是他的成功，最後夢想成真！
面對人生的順境、逆境何不是生活藝術？

#順境 #逆境 #也是 #一種境界 #是生活的藝術 #lifeisart

請呼喚潛藏你內心的生活藝術……

呼喚

你可以靜靜地、慢慢地放鬆自己，並跟隨自己的內心隨意聯想：

奧地利哲學家維特根斯坦有句話：
"The limits of my language mean the limits of my world."
這是指我的語言界限就是我的世界界限。
或者每個人心中也有這樣的界限。
有些話不想說，
所以放在心底；
有一些話不懂怎樣說，
所以不如不說；
直至有一天把所有字都忘記了，
連話也說不出來，
這樣的界限有用嗎？
文字記載人當下的情感，
只有這一刻的感覺才是你自己現在最真實的感覺。
此刻蘊含你過去的感覺，
也由此一念，
創造你下一刻的感覺，
也在創造將來的感覺。
你正在想甚麼？
閉上眼，
你可以感受一下：
我正在把我的話說出來，
呼喚你們的注意。
我想讓我的世界沒有界限，
讓你們開闊我的語言世界。
如果有話，
為何不說？

#如果 #有話 #要說 #就 #說吧 #say

<091>

信念即行

你可以靜靜地、慢慢地放鬆自己，並跟隨自己的內心隨意聯想：

很多時候，
很多事，
人都需要明知不可為而為之。
如果你失去了信念，
不妨去喝杯水。
幻想你的信念是一杯水，
先去看它，
觸摸它。
它是過熱、
溫暖，
還是冰冷的？
它帶給你希望，
還是無限可能？
水可以變成甚麼形態。
只要你願意，
你就可以想到。
此後，
你要把這杯充滿能量的水喝下去。
這個信念，
這杯水會堅定如一進入你的體內，
為你帶來能量。
當你有了堅定信念，
便要行動，
於是沒有甚麼事可再難到你了！
如果下次你再失去信念，
不妨去喝杯水。

你想 # 喝水 # 就 # 該去 # 喝 #water

第四章・有關未來的鉗言

<092>

天空

你可以靜靜地、慢慢地放鬆自己，並跟隨自己的內心隨意聯想：

每人的頭上也有一個天空，
而這片天空，
每人皆不同。
每人也有每人自己的天空。
你看到的風景不等於我看到的，
我看到的風景也不是你看到的。
如果你不知道我在說甚麼，
你可以閉上眼，
開始想著你心中的天空有甚麼風景。
你有想過自己的天空嗎？
是雲、是雨、還是甚麼也沒有？
「宇宙即吾心，
吾心即宇宙。」
只有你自己知道：
你的心是你的宇宙，
而宇宙就盡在你心。
脫離了你的心，
事事物物根本不存在，
而你自己的天空甚麼也可以有。
只要你願意，
在你的天空裡，
你就可幻想一切你想見的東西。
終有一天，
你會發現其實你自己的天空也很大。

#你#的#天空#是#怎樣#sky

要相信，在每個人的心裡都有一片天空……

有 關 堅 持 ：

人們都說：堅持就有未來……

<093>

堅持

你可以靜靜地、慢慢地放鬆自己，並跟隨自己的內心隨意聯想：

如果有一件事很值得堅持，
你就要絕不屈服！
「歸去，也無風雨也無晴」是種生活態度。
當回首，我們會發現那一件事其實不如你想像中的大，
只要多做一點就可以做到。
若你做到了，
事後回想，
其實這件事只是很少、很少的堅持就可以做到了！
做了一件你想做的事，
你就不會後悔，
又可以繼續下去，
何樂而不為？
現在做了，
你沒有後悔，
將來也未必會有後悔的感覺。
有些事如果你不堅持，
慢慢就消失了！
明天想再堅持也都不能。
「係啊！無左啦！」 *
「無左先再做？」 *
「無左先再諗？」 *
「無左先去後悔？」 *

人 # 要為 # 自己的 # 信念 # 而活 #beliefs

* 粵語的「係啊！無左啦！」是指「是的！已經消失了！」、「無左先再做？」是指「沒有了才去行動？」、「無左先再諗？」是指「沒有了才去想？」、「無左先去後悔？」是指「沒有了才去後悔！」

「有一件事我們能肯定，未來並未註定。」
——《終結者：創世紀》

<094>

可能

你可以靜靜地、慢慢地放鬆自己，並跟隨自己的內心隨意聯想：

"Nothing is impossible, the word itself says 'I'm possible'!"
—柯德利夏萍 (Audrey Hepburn)
這個世上沒有甚麼是不可能的，
"impossible" 這個字其實是在說 "I'm possible"！
其實不可能中其實已包含著無限可能，
世界有甚麼是不可能？
今天你可能未必遇到對的人，
明天也未必遇到，
但不代表你將來不會遇到。
從前，
科學家說人類的構造沒有可能在十秒內跑一百米。
有第一個人論證了這不可能，
就有第二、第三、第四個……
世界上還有甚麼是不可能？
當然我不是說做人要違反生物、物理、自然結構，
我所指的是在可能裡，
嘗試創造不可能。
別人可以，
你也可以。
閉上眼，
你可以想著一切的可能，
如果你想到了，
你明天可以開始去做。

#誰 #也可以 #做到 #只要 #堅持 #yesyoucan

第四章・有關未來的訊息

<095>

絕望

你可以靜靜地、慢慢地放鬆自己，並跟隨自己的內心隨意聯想：

人未到絕境，
啟發不了潛能。
你聽過絕處逢生嗎？
未到絕處你根本不會想到逢生。
曾聽過一個故事：
在唐山大地震發生時，
有一個人快要走到生活的盡頭。
地震前，
他已拿著拐杖行路。
地震時，
他卻懂跑，
筋疲力盡，
最後跑到了醫院。
醫生告訴他已斷腳，
也不明白他為何可以這樣跑、
一直跑、
一直跑，
最後保存了生命。
故事真假，
視乎你個人信念。
我不是說每人也要把自己處於絕處，
重要的是：
你可把絕境化為推動你的動力。
我相信每一個人也會經歷絕境。
閉上眼，
你可以想像一個你會遇到的絕境，
你可以想想有甚麼力量可以驅使你堅持下去，
醒來後，
你可以把它記住！

絕境 # 能啟發 # 潛能 # 只要 # 堅持 #potential

站著才是對

你可以靜靜地、慢慢地放鬆自己，並跟隨自己的內心隨意聯想：

在導演王家衛執導的電影《一代宗師》中，
戲中有一句很好的對白：
「功夫，兩個字，一橫一豎。
錯了，就躺下，站著回來的才是對的。」
有時，
人生要保持積極，
但有時現實又不容你這樣想！
有時候人連自己努力了，
也不知自己在做甚麼，
成功、失敗並非一眼可視！
人生不妨也留一點失敗，
因為沒有人永遠能站著！
過渡期永遠痛苦，
但人生只求無悔，
不妨嘗試努力成為站著的那一個！
我們不需理會箇中過程、
也不要理會是否能做到、
也不論成敗，
只求落子無悔，
努力讓自己站起來。
始終堅持到最後也沒有幾多個！
站著好？
還是跌倒了，
再努力站著精彩？

努力 # 走下去 # 能站著 # 便會 # 有所得著 #stand

堅持到了最後也是種享受。

<097>

享受

你可以靜靜地、慢慢地放鬆自己，並跟隨自己的內心隨意聯想：

人生有時候是犧牲一些享受，
然後又再享受一些犧牲。
反正有時候，
人難免犧牲。
快樂也要犧牲、
不快樂也犧牲，
不如瀟灑走一回。
犧牲享受是為了未來走更遠的路，
然而你不會永遠犧牲，
因為你會為自己訂下期限。
一個男孩為追求女神，
女神不愛男孩，
有很多選擇，
男孩怎追求也無用。
男孩堅持了很久，
若得到結果，
固然很好。
若男孩得不到，
也享受到犧牲過程，
因為犧牲讓他成長，
讓他學懂怎樣愛一個人！
成功的同一時間，
不要忘記享受這些犧牲，
因為每一個人的過程也是很特別的！
很多人做不到，
而你做到了，
所以值得懷念！
犧牲享受，
享受犧牲。
犧牲一些享受，享受一些犧牲。
人生就是不斷這樣輪迴。

享受 # 每一刻的 # 犧牲 # 要相信 # 會成功 #enjoy

有關未來：

未來是當下的想像、過去的現在、昨天的今天，而今天是昨天的未來⋯⋯

<098>

未來的價值

你可以靜靜地、慢慢地放鬆自己，並跟隨自己的內心隨意聯想：

柏拉圖說：
「時間帶走一切，
長年累月會把你的名字、外貌、性格、命運都改變。」
試想想未來的「你」來見現在的「你」，
兩個「你」會說些甚麼？
你想對未來問甚麼問題？
你會與一個甚麼的人成為伴侶？
你會是一個怎樣的人？
你會有一個怎樣的人生？
這些問題都可以問，
也可以想。
為甚麼現在的你不敢問，
也不敢想？
想了又不敢做？
現在的我，
一定會問未來的自己有否後悔「現在」的生活。
我想：「答案一定會是有的！」
如果我知道有，
而又一定會後悔，
現在為甚麼不令自己減少後悔？
其實你也可以閉上眼，
問一問自己未來是一個怎樣的人，
也可以與未來的自己來一個對話。

#未來#是#要#自己#去想#future

有了堅定的心，就不怕未來……

未來有的東西

你可以靜靜地、慢慢地放鬆自己，並跟隨自己的內心隨意聯想：

早於 2012 年年底，
荷蘭私人公司「火星一號」啟動「有去無回登陸火星計劃」。
他們預計 2025 年初步完成火星永久殖民地建設。
2010 年物理學家霍金亦曾提出，
地球的資源有限而人口不斷膨脹，
人類需向外太空尋找出路而繼續生存。
他估計 2050 年，人類將能移民火星及其他星球。
未來會發生有的事，我們並不知道，
光怪陸離的社會變成怎樣更無法預測。
你想到的東西，在未來甚麼都可以出現。
閉上眼，
你可以想像複製人或者隨處可見（優越的人應該會有很多複製品）、
車已經可以自動行駛（或者已經沒有了車）、
程式會代你說所有的話、
火星一天可到⋯⋯
我在想：
如果未來是這樣，世界可能變得更加更加複雜，
人可能已經不用再思想。
機械人的意識會代替人類所有說話，
因為機械人會替你思想，所以你甚至不用說話。
機械人會自行研發各式各樣的事，
新發明依舊推翻舊發明，只是人不用再發明。
直至有一天，機械會發明了腦袋思想，
才覺人類愚笨，取代人類。
哪麼人存在的價值呢？
如果人類不成人類，地球再不是人活著的地方，
而宇宙有更多不同可能，
哪麼人類可以做甚麼呢？
《終結者：創世紀》有一句這樣的對白：
「我不是機器，也不是人類，我比兩者都強。」
有一天，如果這樣的「未來」來到，
我一定要比甚麼都強！

#人 #的 #價值 #在 #哪 #value

<100>

人類

你可以靜靜地、慢慢地放鬆自己，並跟隨自己的內心隨意聯想：

在電影《未來戰士》裡，
當阿諾要被溶到大鍋爐的時候，
他說了一句：
"I will be back."
我會回來！
宇宙應有很多不同星球，
而我們生活在一個小的地球上。
能成為人，
真是一個美妙的旅程啊！
這大概是獨有的體驗，
每一個人只能經歷一次。
的確，
這世界實在有太多人類未知的事、
未發現的生物、
也有太多未探索的地方，
而每一個都是獨特的。
若每天把著只能活一次的心態，
就算日子再乏味，
也總有一天，
有一件事值得讓你回味。
總有一些事只有你才可以做到，
那是：
讓你為成為人類，
而又感到特別的事！
只需記著那些構成你獨有人生的事，
而這一生也就不枉過，
也無需時時想未來！

#人#是#奇妙#的#生物 #human

每個人的未來都是一個奇妙的過程……

催眠師的筆記

Lewis Carroll 在愛麗絲夢遊仙境 (Alice in Wonderland) 曾說道:「回到昨天也沒有用,因為我那時已經是一個不同的人。」

其實催眠盡在生活中,你看不到它不代表它不存在。催眠只是一個不斷重覆深化的過程,不斷的提示自己要做對的事。

這只是一個催眠師的生活筆記,從中書寫未來。未來,靠今天的你來創造。我們都是自己的催眠大師,在現在與未來中尋求自我救贖……

「世上不存在慢工出細貨，一個人只有在大量生產中出錯得多，命中得亦多，才開到竅。」

「唔試唔錯這道理人人明，說三道四很容易，但你亦永遠做不成一件事。」

「世上沒有懷才不遇，有筆，有遇。」

—導演莊文強

我們在忙甚麼？
如果我們一天可以寫一篇日記，
一年便可寫到三百六十五篇。

本書每篇的篇幅不算長、字不算多，更非寓意深邃之文，
在過去數年，我一日寫一篇，在通勤時寫、惺鬆時寫、寂寞時寫，已
寫了超過一千篇。
對我而言，
十年後再執此書，
或有另一番風味。

每個人都值得花費一些時間，給潛意識沉澱思緒，整理心路歷程的點
點滴滴。

但願你亦寫下屬於你自己的專屬日記。

催眠其實是重覆深化的事。

如果你想認識催眠，卻又從未經驗過催眠，經常質疑到底有沒有效用，
與其說治療沒有用，不如說你永遠不能享受催眠的樂趣。

看畢此書，你甚麼也忘記也可，但請你記得催眠其實很簡單，催眠就
是暗示：暗示就是我說甚麼就是甚麼。

我話比你聽係咩就係咩。

催眠就是生活，
生活就是催眠。

鳴謝

哲人陳之藩曾說過:「人生好像由無數不同層次的寂寞所堆成。」他的文章無不在寂寞時寫成。寫作大概也是:始時寂寞、寫時自癒、終時分享。

是次有賴各方鼎力支持。本書的插畫,畫來不易。我特別感謝插畫師兼催眠師 Solitary Bunny 的繪畫。我也要衷心感謝專業心理治療及應用(香港)中心聯合創辦人梁智華先生以及張博沁先生,為我提供許多專業意見和分享寶貴經驗;還有香港應用心理及藝術協會執行總監:阮卓瑤小姐寫推薦序。我亦謹此感謝一口答應寫序的系統組織心理學研究生蔡慧芝女士。此外,我亦想向校對工作的港大校友測量師 BEN 及慈母何敏華女士致以萬分謝意。他們不僅悉心作讀者角度反覆閱讀文本,亦指出不合理的地方,提供了意見上的參考。

最後,我亦在此感謝在香港警察書畫學會教畫逾十五年、龍津書研社會長馬如堅先生為本書題字,實不勝榮幸。

若非合眾人之力,此書決不能成。

最後,我亦感謝各方的信賴、支持及資助,使得本書得以順利出版。

下列各位亦提供贊助,令此書得以順利完成,謹此致謝,排名不分先後(按姓氏筆畫排列):

伍文彬先生

何健華先生

何樹華先生

局目子先生

張文瑜先生

張仲賢先生

梁文俊先生

梁俊威先生

梁俊基先生

葉海敏先生

廖燕琼女士

劉鳳珍女士

謝春華先生

酈宏天先生

何偉華先生 & Hafize

何漢強先生 & 程慶容女士

香耀枝先生 & 莫映笑女士

張志光先生 & 張安怡小姐

梁多敬女士 & 葉蘊妍小姐

梁志棋先生 & 陳彩弟女士

梁建璣先生 & 陳慧儀女士

梁海林先生 & 陳群好女士

梁海容先生 & 邱妙蘭女士

梁海清先生 & 梁劉福女士

梁笑枝先生 & 梁鳳章女士

梁勝發先生 & 馮少芬女士

郭金培先生 & 劉麗華女士

陳森昌先生 & 吳麗珠女士

麥連安先生 & 高婉貞女士

曾根森先生 & 梁映笑女士

湯永雄先生 & 劉淑華女士

黃奕森先生 & 顏妙冰女士

劉沛帆先生 & 莫曉怡女士

劉沛賢先生 & 梁永蘭女士

劉焯良先生 & 梁煥英女士
鄭惠強先生 & 馮少芳女士
蕭漢強先生 & 彭妙嫦女士
Alan Chan
Alvin Wong
Anson Cheng
Fredrick Wong
Fremenda Wong
Ray Ip
Roy Choi
Becky & Patrick
Cyan & Jason
Emily & Nelson
Helen & Valient
Lilian & Jimmy
Pamela & Duke
Swanna & Sam

身為作家，理想先行，妄說賺錢。初出茅廬者，稿費微薄，更甚者需要自資出版。欠缺眾人支持，本書只有胎死腹中。最後，謹此向家人，以及我接觸過、書中提及的每一位，包括願意分享個案的、身體力行支持的人及提供意見的人致衷心謝意。

有你們，這本書才算圓滿。

後記

這本書的初稿大約在五年前寫成，
每日一篇，是一些生活札記，也是一本小品，
可是因種種「緣由」一直沒有推出。
在這數年間，除了不斷寫碩士論文外，大部分的時間幾乎也是讀書和工作。
清晨出門，回家卻已過午夜，
而家人及朋友也沒有太多時間見面。
很感恩這些年來，幫助過我的人，特別是家人的支持，令我過得很充實，也使我學懂更多事情。

時間過得很快，碰到過很多困難，
內心有過很多掙扎，但心中的火從沒熄滅。

我曾很認真問自己想做些甚麼？
在不斷追問的過程中，我發現我想學習一種與人以及自己內心更深層的溝通方法。
這些年來，我過五關、斬六將，
考了催眠師以及導師的資格，希望嘗試用另一種手法介入個案。

參考不同文獻，你會發現催眠原本是一個專業的輔導手法，如：
法庭曾用催眠作回溯，將催眠內容納為呈堂證供、
牙醫用催眠來麻醉止痛、
心理治療師以催眠作輔助，治療抑鬱症、強迫症、失眠、焦慮症、恐懼等……
第一次接觸催眠時，
我感覺很新奇，覺得催眠有其專業性，
可以幫助身邊更多人，
奈何初次上課後卻感到無比失望。
原來催眠的導師質素也很參差不齊。
有些在課堂上教授神秘心理學說，游談無根，沒有科學根據；

有些擁有十數張催眠學會證書，
在十多張證書中，細心一看，我發現當中不少證書在網上連資料也找不到，真假難辨；
導師亦有修讀遙距大學心理學課程者，上網一查其大學資料：
一個月上一堂，十二個月後便可取得心理學學士，認受性成疑；
當中亦不乏自詡博士者，可是其博士學歷為海外文憑工廠所出，
證書兩萬至十萬不等，實為一紙空文；
最值得一提是當中亦有「學術奇才」，公開教人「溝女」、「食女」，
其「溝女心理學」恐對女性有違尊重；
行內也有「性治療師」，對求助女事者毛手毛腳，受報章廣傳。

當然我在學習過程中亦遇到不少良師益友，
也啟發我努力學習催眠及不斷從事相關研究，
令我一直本著學習的心去探索更多。
我希望可以藉著與不同人的交流，與同儕相互切磋砥礪，增長更多知識，
更希望催眠在香港一如國外變得更專業、更普及，到時大眾可以重新審視催眠這一回事，
改變對催眠神秘而不可測的想法。
我相信只要用誠懇而認真的心，就算只是微小的力量，亦終有一天會成功令更多人認識催眠。

既有云「取之社會，用之社會」，
承父母之願以及本人之力，
希望此書扣除所有開支後，
部分收益能用作慈善用途。
在此，我要再一次感謝支持及贊助出版的各方親朋好友。

催眠師的筆記

文心 著

感覺生活 非為生存

催眠師的筆記

作　　　　者	：	文心 (know.the.inside)
插　　　　圖	：	Solitary Bunny
編　　　　輯	：	Annie
封 面 設 計	：	Steve
排　　　　版	：	Leo
出　　　　版	：	博學出版社
地　　　　址	：	香港香港中環德輔道中 107-111 號
		余崇本行 12 樓 1203 室
出 版 直 線	：	(852) 8114 3294
電　　　　話	：	(852) 8114 3292
傳　　　　真	：	(852) 3012 1586
網　　　　址	：	www.globalcpc.com
電　　　　郵	：	info@globalcpc.com
網 上 書 店	：	http://www.hkonline2000.com
發　　　　行	：	聯合書刊物流有限公司
印　　　　刷	：	博學國際
國 際 書 號	：	978-988-79344-0-0
出 版 日 期	：	2019 年 7 月
定　　　　價	：	港幣 $98

facebook.com/globalcpc